떴다! 지식탐험대

지층이와 단층이, 지질 시대로 출동!

떴다! 지식 탐험대 - 지층과 화석
지층이와 단층이, 지질 시대로 출동!

개정판 1쇄 발행일 2020년 10월 25일
개정판 2쇄 발행일 2022년 11월 10일

글 김원섭 **그림** 안상정 **감수** 이융남

발행인 윤호권 **사업총괄** 정유한
발행처 (주)시공사 **주소** 서울시 성동구 상원1길 22, 6-8층 (우편번호 04779)
대표전화 02-3486-6877 **팩스(주문)** 02-585-1247
홈페이지 www.sigongsa.com / www.sigongjunior.com

ⓒ 김원섭·안상정, 2011

이 책의 출판권은 (주)시공사에 있습니다.
저작권법에 의해 한국 내에서 보호받는 저작물이므로, 무단 전재와 무단 복제를 금합니다.

ISBN 979-11-6579-007-3 74450
ISBN 979-11-6579-001-1 (세트)

*시공사는 시공간을 넘는 무한한 콘텐츠 세상을 만듭니다.
*시공사는 더 나은 내일을 함께 만들 여러분의 소중한 의견을 기다립니다.
*잘못 만들어진 책은 구입하신 곳에서 바꾸어 드립니다.

• 사진 자료 제공
20쪽, 21쪽 한국 지질 자원 연구원 지질 박물관 | 76쪽, 144쪽, 158쪽 위키피디아 | 128쪽 중앙포토

KC 마크는 이 제품이 공통안전기준에 적합하였음을 의미합니다.
제조국 : 대한민국   사용 연령 : 8세 이상
주의사항 : 책장에 손이 베이지 않게, 모서리에 다치지 않게 주의하세요.

떴다! 지식 탐험대

지층과 화석

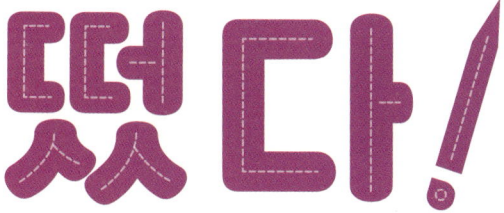

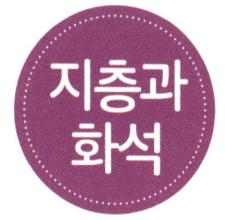

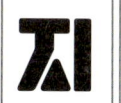

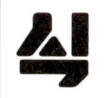

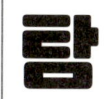

지층이와 단층이, 지질 시대로 출동!

글 김원섭 / 그림 안상정 / 감수 이융남

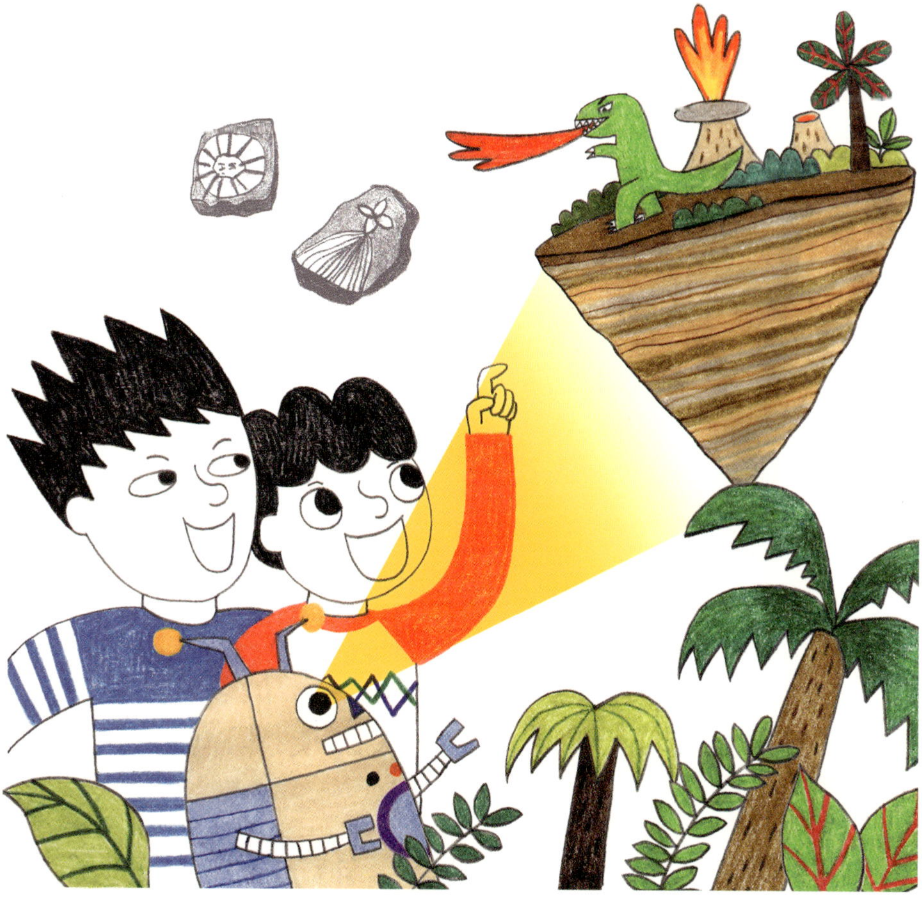

시공주니어

작·가·의·말

　오랫동안 과학 전문지 기자로 활동하면서 이 땅과 우주의 신비로움에 푹 빠졌습니다. 햇빛도 들어가지 못하는 깊은 바다 밑에서부터 지구 밖에 있는 이름 모를 행성에 이르기까지, 그 놀라운 세계는 끝이 없었지요. 그중에서도 늘 우리 가까이에 있는 풀 한 포기, 곤충 한 마리는 알면 알수록 더 새로운 세상을 보여 주었습니다.

　'생생 탐사'라는 이름으로 1년에 40번이 넘게 생태 탐사를 다닌 적이 있습니다. 비무장 지대가 있는 강원도 철원에서는 날개 길이가 2m도 넘는 독수리를 만났고, 영월의 봉래산 꼭대기에서는 쏟아지는 유성우를 바라보았습니다. 하지만 새, 식물, 곤충, 천체 같은 다양한 생태 탐사 중에서 가장 제 마음을 사로잡았던 것은 바로 지질 탐사입니다.

　간척지를 만들면서 드러난 시화호에서는 공룡알 화석을 무더기로 볼 수 있었습니다. 한탄강에서는 제주도에만 있는 줄 알았던 주상 절리가 커튼처럼 절벽을 이루고 있었지요. 땅끝 마을인 해남과 경상남도 고성에서는 중생대 한반도를 주름잡았던 공룡들의 발자국을 따라 쥐라기 시대로 여행을 떠나기도 했습니다.

　지질 탐사는 절대로 어려운 일이 아닙니다. 오래전부터 그 자리에 있었던 암석들과 땅을 보고 만나고 느끼면 충분하지요. 층층이 쌓인 지층이 어떤 의미를 가지는지, 그곳에서 과거에 무슨 일이 일어났을지 가만히 눈을 감고 생각해 보세요. 그러면 이 책의 주인공인 지층이와 단층이처럼 흥미로운 지질 여행을 떠날 수 있습니다.

　이 책에 등장하는 타임머신 로봇 로비타는 주인공들을 다양한 고생물들이 살았던 지질 시대로 데려가 줍니다. 하지만 지층이와 단층이를 너무 부러워하지는 마세요. 로비타는 책 속에만 있는 기계가 아니라, 어린이 여러분들의 마음속에도 존재하니까요. 여러분도 암석 한 덩이, 화석 한 조각을 직접 관찰하며 마음속에 있는 로비타와 함께 여행을 떠나 보기 바랍니다. 그러면 여러분도 어느새 지구가 들려주는 신비로운 이야기를 만날 수 있을 것입니다. 그럼 우선, 지층이와 단층이의 여행은 어땠는지 귀를 기울여 볼까요?

　　　　　　　　　　　　　　　　　　　　　　　　　　　김원섭

# 차·례

작가의 말 … 4
등장인물 … 8

1장 고 작가, 베스트셀러 작가를 꿈꾸다! … 10

고 작가의 지질 노트 지층이란 지구의 일기장
지층은 물과 바람이 새긴 기록 | 가장 오래된 지구의 기록 … 18
지층이와 단층이의 지질 탐험 암석에서 공룡까지, 지질 박물관 … 20

2장 삼엽충 로봇 로비타의 비밀 … 22

고 작가의 지질 노트 암석과 광물
지층은 어떻게 만들어질까? | 끊어지면 단층, 휘어지면 습곡 … 30
지층이와 단층이의 지질 탐험 자연 속의 지질 박물관, 변산반도 … 32

3장 지구 역사의 기록, 지층 … 34

고 작가의 지질 노트 세계 최초 지질도 | 지층의 모양은 다양해! … 44
지층이와 단층이의 지질 탐험 공룡의 흔적을 간직한 곳, 시화호 … 46

4장  우라늄이 밝힌 지층 나이 … 48

고 작가의 지질 노트 암석 나이를 알아내는 기계 | 지층이 쌓인 순서를 밝혀라! … 58
지층이와 단층이의 지질 탐험 자연이 만든 주상 절리 키튼, 한탄강 … 60

5장  지구에서 가장 오래된 화석 … 62

고 작가의 지질 노트 암석 삼총사 | 다양한 퇴적암들 | 현무암, 화강암, 대리암, 편마암 … 74
지층이와 단층이의 지질 탐험 스트로마톨라이트의 천국, 소청도 … 76

6장  땅끝 마을로의 가족 여행 … 78

고 작가의 지질 노트 매머드와 미라도 화석일까? | 몰드와 캐스트
화석은 지질 시대의 정보통 | 움직이는 화석 | 가짜 화석, 진짜 화석 … 90
지층이와 단층이의 지질 탐험 땅끝에 남은 공룡의 흔적, 해남 우항리 … 94

7장  로비타의 친구들 … 96

고 작가의 지질 노트 지질 시대 연대표 | 고생대에 살았던 생물들 … 110
지층이와 단층이의 지질 탐험 삼엽충의 보금자리, 태백 … 112

8장  티라노사우루스가 나타났다! … 114

고 작가의 지질 노트 공룡들의 놀이터, 중생대 | 공룡은 언제 살았을까?
골격 화석과 흔적 화석 | 익룡도 공룡일까? … 126
지층이와 단층이의 지질 탐험 공룡 댄스의 무대, 고성 … 128

9장 인류의 조상을 만나다! … 130

고 작가의 지질 노트 포유류의 세상, 신생대
오스트랄로피테쿠스에서 호모 사피엔스까지 | 인류의 기원을 찾아서 … 142
지층이와 단층이의 지질 탐험 고인돌의 고장, 강화도 … 144

10장   잊지 못할 작가 사인회 … 146

고 작가의 지질 노트 공룡 복원은 가능할까?
되살아나면 무서울 공룡 베스트5 | 공룡의 멸종 … 156
지층이와 단층이의 지질 탐험 화산이 만든 섬, 제주도 … 158

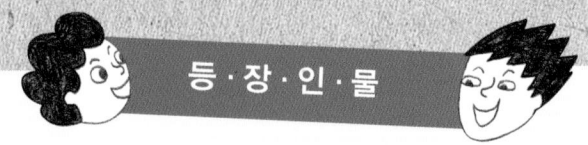

고 작가

순수한 마음과 가족에 대한 책임감으로 뭉친 우리 시대의 대표 아빠. 엄마를 잃은 지층이와 단층이를 위해 베스트셀러 작가가 되고 싶어 한다. 지층과 화석에 대한 원고를 의뢰받지만, 과학 지식이 깊지 않아 글 쓰는 데 어려움을 겪는다.

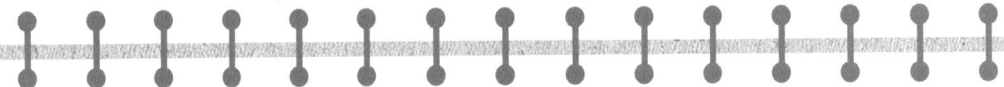

고지층

고 작가의 의젓한 큰아들로, 아빠를 돌보고 동생을 살뜰히 챙기며 엄마 역할을 대신한다. 우연히 박 박사의 연구실에 발을 들여놓은 것을 계기로 타임머신 로봇 로비타를 이용해 지질 시대로 신나는 여행을 떠난다. 그리고 거기서 얻은 정보를 아빠에게 전해 준다.

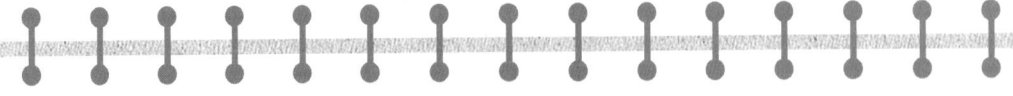

고단층

호기심이 넘쳐 나는 지층이의 말썽꾸러기 동생. 박물관 계단에서 굴러떨어지는 등 가끔씩 황당한 사고를 치긴 해도, 아빠와 형을 생각하는 마음은 누구에게도 뒤지지 않는다. 지층이와 함께 지질 시대로 떠나 흥미진진한 모험을 겪는다.

박 박사

엉뚱하면서도 기발한 아이디어가 빛나는 로봇 박사. 타임머신 로봇 로비타를 비밀리에 연구하다 지층이와 단층이에게 들키고 만다. 고 작가 가족에게 화를 낼 때도 있지만, 늘 금방 풀리곤 하는 속마음은 따뜻한 할아버지. 지층이 형제를 통해 로비타가 제대로 작동하는지 실험한다.

로비타

박 박사가 발명한 삼엽충 모양의 로봇. 가상 현실을 체험할 수 있게 해 주는 타임머신 로봇으로, 고 작가 가족을 지질 시대로 데려가 준다.

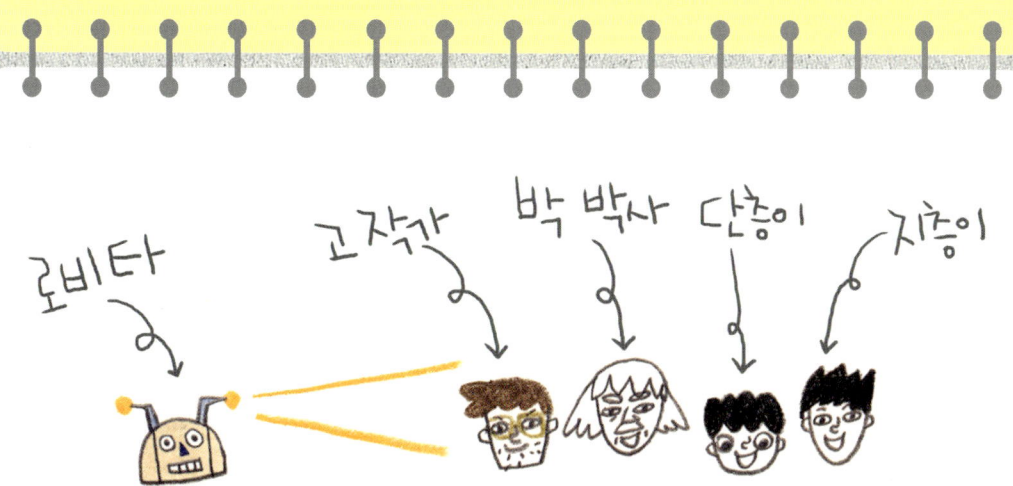

1장 고 작가, 베스트셀러 작가를 꿈꾸다!

"털털털털."

경운기 한 대가 흙먼지를 내뿜으며 지나갔다. 지층이가 아빠를 보며 물었다.

"아빠, 도착하려면 아직 멀었어요?"

"하하, 뭐가 그리 급하니? 시골에서 살려면 마음을 느긋하게 먹는 법을 배워야 한단다."

지층이와 동생 단층이를 태운 이삿짐 트럭이 시골길을 덜컹거리며 내달렸다. 지층이는 이삿짐을 싸던 어제저녁부터 입이 쑥 튀어나와 있었다. 시골로 이사를 간다는 것이 마음에 들지 않았기 때문이다.

아빠가 눈을 지그시 감으며 다시 말을 이었다.

"지층아, 글을 쓴다는 건 말이다. 내 마음을 연필과 종이로 표현하는 일이야. 자연과 하나가 된 듯한 깨끗한 마음이어야 좋은 글이 나오지."

단층이가 투덜대며 말했다.

"어휴, 그 소리를 한 번만 더 들으면 백 번은 채울 거예요."

지층이와 단층이의 아빠인 고 작가는 베스트셀러 작가를 꿈꾸는 동화 작가다. 고 작가는 대학교에서 생물을 공부했는데, 그때부터 글을 쓰기 시작했다. 아직까지는 내세울 만한 작품이 없지만, 과학 잡지나 과학 연구 기관에서 나온 사보에서 가끔씩 고 작가의 이름을 볼 수 있었다.

고 작가가 이삿짐 트럭에서 내리며 말했다.

"자, 여기가 바로 너희들의 새집이다!"

상수리나무가 가득한 나시박한 언덕 끝에 작은 집이 보였다. 언덕 앞에는 논과 밭이 펼쳐져 있어 시골 분위기가 한껏 느껴졌다.

단층이가 깡충깡충 뛰며 말했다.

"우아, 아빠! 여기 메뚜기가 장난 아니게 많아요!"

지층이도 신나는 목소리로 말했다.

"단층아, 집 뒤로 가 보자!"

피시방도, 장난감을 파는 마트도 없는 시골에서 뭘 하고 노느냐고 투덜대던 목소리는 어느새 시원한 바람 속으로 사라졌다. 아이들의 모습이 보이지 않을 무렵, 고 작가의 휴대 전화가 요란하게 울렸다.

"네? 아, 네! 그럼요! 하하, 과학이면 제 전공인걸요. 그럼 메일 확인해 보겠습니다."

얼마 전 출판사를 차렸다는 대학교 선배에게서 온 전화였다. 선배는 초등학교 과학 교과서에 나오는 내용을 중심으로 책을 만들어 보자고 제안했다. 고 작가는 거절할 이유가 없었다.

집에 들어가서 노트북으로 메일을 확인한 고 작가의 얼굴이 약간 붉어졌다.

"내 전공은 아니네……. 하지만 뭐, 까짓것 이 정도도 못 하겠어?"

선배는 초등학교 교과서에 실린 '지층과 화석' 내용을 중심으로 재미있는 이야기를 만들어 달라고 부탁하고 있었다. 고 작가는 학생 시절부터 지층과 화석 분야에 대해서는 별로 관심이 없었다. 특히 고등학교 때에는 지구 과학을 가르쳤던 선생님이 대머리 노총각이라 그 과목이 더욱 싫었다.

수업 시간에 어찌나 침을 튀기며 설명하시던지, 나중에 머리가 빠지면 그 침을 맞아서일 거라고 생각했을 정도였다.

"휴, 지층과 화석이라……. 그래, 돈이 필요한데 뭐든 못 하겠어?"

고 작가는 집 밖으로 나가 아이들을 불렀다.

"지층아, 단층아! 이제 그만 들어와서 짐 정리하고 저녁 먹자!"

단층이가 집으로 뛰어 들어오며 말했다.

"아빠! 집 뒤에 있는 언덕을 넘어가면 작은 집이 또 하나 있어요. 무슨 연구실 같아 보이던데요?"

고 작가가 한숨을 쉬며 말했다.

"그래, 알았다. 얼른 씻고 밥 먹자."

시골에서 맞이하는 아침은 도시와는 사뭇 달랐다. 어디선가 반드시 들려왔던 기계 소리나 자동차 소리 대신, 이름 모르는 새들의 울음소리가 귓가를 가득 채웠다.

고 작가가 아침을 먹으며 아이들에게 말했다.

"너희들이 다닐 학교는 언덕에 올라갔을 때 봐 뒀지? 개학할 때까지는 보름 정도 남았으니까 미리미리 준비해야 한다."

지층이와 단층이의 엄마는 오랫동안 병을 앓다가 지난해에 세상을 떠나고 말았다. 그래서 고 작가는 엄마 역할까지 맡고 있었다. 사실 시골로 내려오게 된 것도 도시보다 시골이 글을 쓰기에 좋은 것도 있지만, 아이들을 돌보기에도 편하기 때문이었다.

지층이가 아빠에게 애교 섞인 목소리로 물었다.

"아빠, 이제 밖에 나가 놀아도 되죠?"

"물론이지. 대신 단층이 잘 데리고 다녀야 한다."

고 작가의 말이 끝나기가 무섭게 지층이가 밖으로 달려 나갔다. 단층이도 형이 자기를 두고 갈까 봐 부지런히 신발을 신었다.

"그럼 다녀오겠습니다!"

지층이와 단층이는 신나게 외친 뒤, 집 뒤에 있는 언덕을 올라갔다. 아이들이 찾아간 곳은 언덕 너머에 있는 작은 집이었다. 단층이가 어제 고 작가에게 연구실처럼 보인다고 말했던 집이었다.

지층이가 현관문을 빠끔히 열며 말했다.

"저, 실례합니다……."

단층이가 주위를 두리번거리며 말했다.

"형, 아무도 없는 것 같아."

"야! 아무도 없는데 그냥 들어가면 어떻게 해!"

하지만 궁금하기는 지층이도 마찬가지였다.

"우아, 형! 여기 정말 무슨 연구실인 것 같아. 혹시 무시무시한 로봇을 만드는 박사님의 비밀 연구소가 아닐까?"

"으이그, 넌 만화책을 너무 많이 봤어. 세상에 그런 게 어디……."

지층이의 말이 끝나기도 전에 문이 쾅 닫히면서 안쪽에서 인기척이 났다. 지층이와 단층이가 한꺼번에 소리를 질렀다.

"으악! 엄마야!"

아이들 앞에 머리가 희끗희끗하고 괴팍하게 생긴 할아버지가 우뚝 서 있었다.

"아이고, 깜짝이야. 너희들은 도대체 누구냐?"

지층이가 쭈뼛대며 할아버지에게 인사를 했다.

"저는 언덕 아랫집에 새로 이사 온 고지층입니다. 얘는 제 동생 단층이고요."

할아버지는 갑자기 눈을 치켜뜨더니 아이들을 향해 무섭게 쏘아붙이기 시작했다.

"여기는 왜 들어온 거지? 주인 허락 없이 함부로 남의 집에 들어오면 가택 침입죄라는 건 알지? 혹시 정보를 빼내 오라고 누가 시킨 거 아니냐? 내가 순순히 입을 열 것 같아?"

할아버지는 지층이와 단층이를 무섭게 노려보았다. 단층이가 결국 울음을 터뜨리며 말했다.

"저희는 정말 이사 왔어요. 언덕 아래에…… 으아아앙, 아빠!"

그때 갑자기 방 안에 불이 환하게 켜지더니 이상한 물체들이 곳곳에서 튀어나왔다. 지층이와 단층이는 눈을 믿을 수가 없었다. 튀어나온 물체들은 바로 로봇들이었던 것이다.

로봇들이 다양한 소리를 내면서 아이들을 에워쌌다. 할아버지가 로봇들을 가리키며 말했다.

"이 녀석들아, 여긴 로봇 연구실이란 말이다! 저 로봇들은 내 연구실을 지키는 경비 로봇이라고!"

지층이가 계속 울고 있는 단층이의 입을 막았다. 울음소리가 잦아들자 로봇들이 하나둘씩 다시 연구실로 들어갔다.

지층이가 할아버지에게 말했다.

"저희는 정말로 언덕 아래 있는 집에서 왔어요. 아빠는 동화 작가이시고요. 여기가 어떤 곳인지 궁금해서 와 본 것뿐이에요."

할아버지가 헛기침을 하며 말했다.

"뭐, 오해를 했다면 미안하구나. 난 로봇을 만드는 박 박사라고 한다. 내 목숨을 걸 만큼 아주 굉장한 로봇을 발명했지. 그런데 이 로봇을 노리는 녀석들이 있어서 말이야."

그랬다. 지층이와 단층이의 호기심을 불러일으켰던 언덕 너머 집은 바로 로봇 발명가인 박 박사의 연구실이었다. 할아버지,

아니 박 박사는 화를 냈던 것도 잊고 자기가 얼마나 굉장한 로봇을 발명했는지 입이 마르도록 자랑을 늘어놓았다. 하지만 아직 그 말이 진짜인지는 모른다. 지층이와 단층이가 본 건 경비 로봇뿐이었으니까.

고 작가의 지질 노트

지층이란 지구의 일기장

지층이란 자갈, 모래, 진흙 등이 바다 밑이나 강바닥, 또는 땅에 쌓여 층을 이루고 있는 것을 말합니다. 지층을 잘 관찰하면 지금까지 지구에 어떤 일이 일어났고, 어떤 생물이 살았었는지 알 수 있어요. 날마다 어떤 일이 있었는지 적어 놓은 일기장을 들여다보는 것과 같지요.

지구는 아주 오래전부터 일기를 쓰기 시작했어요. 지층에 대해 공부하며 지구가 남긴 기록을 하나씩 열어 보는 것은 정말 흥미로운 일이지요. 누군가의 오래된 일기장을 한 장 한 장 들여다보는 느낌이라고나 할까요?

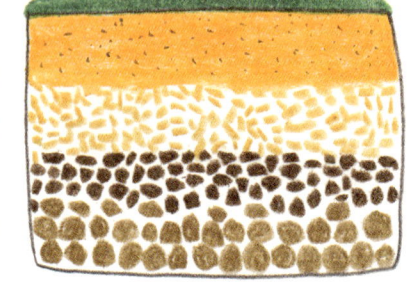

지층은 물과 바람이 새긴 기록

일기나 책을 쓰려면, 연필로 종이에 글을 쓰거나 잉크로 인쇄를 해야 합니다. 그렇다면 지층은 무엇의 도움을 받아 자신의 흔적을 기록할까요? 정답은 물과 바람입니다. 자갈과 모래, 진흙 등의 알갱이는 물이나 바람을 타고 이동해요. 굵고 커다란 알갱이는 멀리까지 옮겨 가지 못하지만, 작고 가벼운 알갱이는 멀리까지 옮겨 갈 수 있지요. 알갱이가 무거울수록 먼저 물속에 가라앉고, 그 위에 가벼운 알갱이들이 쌓입니다. 바람도 마찬가지예요. 알갱이가 가벼울수록 바람에 실려 멀리 날아가지요. 이렇게 물이나 바람을 타고 옮겨져서 차곡차곡 쌓이는 물질들을 '퇴적물'이라고 불러요.

가장 오래된 지구의 기록

세상에서 가장 오래된 책은 무엇일까요? 가장 오래된 목판 인쇄본은 경주 불국사의 석가탑에서 발견된 '무구 정광 대다라니경'이에요. 가장 오래된 금속 활자본은 《직지심체요절》이고요. '무구 정광 대다라니경'은 700년대 초, 《직지심체요절》은 1377년에 만들어졌지요.

그렇다면 세상에서 가장 오래된 암석은 무엇일까요? 캐나다 북동부에 있는 허드슨만에서 발견된 암석은 무려 42억 8000만 년 전에 만들어졌다고 알려져 있어요. 그리고 아폴로 14호가 달에 착륙했을 때 채집해 온 암석은 약 40억 년 전에 만들어졌다고 해요. 약 40억 년 전에 지구가 수많은 소행성들과 충돌했을 때 지구의 암석이 달로 날아간 것으로, 이 암석에서 '지르콘'과 같은 물질이 발견되었다고 해요. 지르콘은 약 44억 년 전에 생성된 광물이지요. 지구 나이를 46억 년이라고 볼 때, 이것들은 모두 지구가 만들어진 초기의 암석이라고 할 수 있어요.

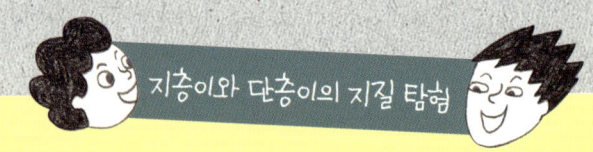

암석에서 공룡까지, 지질 박물관

1918년에 지질 조사소로 시작한 한국 지질 자원 연구원은 지질 연구를 하면서 쌓아 온 결과와 지질 표본들을 모아 2001년에 지질 박물관을 세웠어요. 지질 박물관에 가면 각종 암석부터 공룡 화석까지 다양한 자료들을 볼 수 있답니다.

어디에 있을까?

지질 박물관은 한국 지질 자원 연구원 입구에 있어요. 대전광역시에 있는 엑스포 과학 공원에서 한국 과학 기술원(KAIST) 방향으로 가다가 과학로로 들어와요. 과학로에 있는 화폐 박물관을 조금 지나서 오른쪽을 보면 한국 지질 자원 연구원이 있습니다.

지질 박물관의 겉모습

무엇이 있을까?

지질 박물관은 중앙홀과 제1 전시관, 제2 전시관, 지질 과학 탐험실과 지질 과학 교육실, 나들길, 야외 전시장, 그리고 기획 전시실로 되어 있어요. 지질 박물관 입구에 들어서면 바로 중앙홀이 나오는데, 가장 먼저 공룡 뼈 화석을 볼 수 있지요. 육식 공룡 가운데 가장 인기가 많은 티라노사우루스부터 트리케라톱스, 마이아사우라, 스테고사우루스 같은 공룡들을 모두 만날 수 있답니다. 해양 지각을 입체로 만든 지름 7m의 대형 지구본도 설치되어 있어, 바다 밑 지형을 한눈에 관찰할 수 있어요.

제1 전시관에 가면 지구 내부 구조와 대륙 이동을 배울 수 있는 전시물들이 먼저 눈에 띕니다. 다양한 화석들도 마련되어 있어, 화석이 무엇인가에서부터 어류, 양서류, 파충류, 포유류, 영장류로 이어지는 생물의 진화 과정을 화석을 보면서 이해할 수 있지요. 제1 전시관에서는 우리나라에서 이루어지고 있는 해양 자원 개발과 석유 탐사 같은 다양한 지질 탐사 활동도 배울 수 있답니다.

제2 전시관에서는 지구에 있는 수많은 암석을 만날 수 있어요. 암석들이 종류별로 구분되어 있으며, 화려한 색깔과 결정을 가지고 있는 광물도 볼 수 있지요. 보석으로 쓰이는 광물에서부터 생활 속에서 다양하게 쓰이는 광물까지, 지구에 있는 대부분의 광물을 한자리에서 만날 수 있답니다.

지질 박물관의 중앙홀

지질 과학 탐험실은 첨단 영상 장비를 이용하여 생생하게 고생태를 탐험할 수 있는 가상 체험 공간이에요. 공룡 화석 뼈 맞추기, 증강 현실로 지구 알아보기 등 다양한 체험을 즐길 수 있지요.

지질 과학 교육실에서는 현미경으로 주요 암서들과 광물들을 직접 관찰할 수 있어요. 가상의 광산에서 광물을 채굴하며 여러 가지 정보를 찾아볼 수 있고, 도서실에서 다양한 과학 도서들을 볼 수도 있답니다.

이 밖에도 한반도의 지질 역사를 따라 거닐어 볼 수 있는 나들길, 넓은 잔디밭 산책로를 따라 걸으며 대형 암석들과 광물들을 볼 수 있는 야외 전시장, 흥미로운 주제를 선정하여 특별 전시를 하는 기획 전시실도 있어요.

http://museum.kigam.re.kr에 들어가면 더 많은 정보를 볼 수 있어요.

2장 삼엽충 로봇 로비타의 비밀

하아..하하

"그럼 아빠, 책 계약한 거예요?"
지층이가 눈을 동그랗게 뜨고 물었다.
"그래, 지층과 화석에 대한 책을 쓰기로 했단다."
단층이는 아빠가 벌써 유명 작가가 된 것처럼 기뻐했다.
"우아, 신난다!"
지층이가 걱정스러운 목소리로 말했다.
"그런데 지층과 화석은 아빠 전공이 아니잖아요."
"조금 걱정스럽긴 하지만 그래도 할 수 있을 것 같구나. 너희들이 좀 도와

주지 않겠니?"

지층이가 한숨을 쉬며 말했다.

"어휴, 아빠는. 저희가 무슨 수로 도와요?"

"왜? 자료 수집을 해 주거나, 원고를 읽고 재미있는지 없는지 판단해 주면 되지."

지층이는 아빠가 속으로는 걱정을 많이 한다는 것을 알 수 있었다.

"사실은 그래서 고민이에요."

지층이는 오늘도 박 박사를 찾아갔다. 지층이와 단층이는 박 박사를 만난 뒤로 틈만 나면 연구실에 놀러 갔다. 왠지 그곳은 오래전부터 알고 있던 곳처럼 친근하게 느껴졌다. 지층이는 아빠가 원고를 잘 쓰시도록 도와드리기로 했다고 박 박사에게 말했다.

"지지지지."

지층이가 고개를 두리번거리며 물었다.

"어? 이게 무슨 소리죠?"

바닥을 보니 로봇 하나가 꿈틀꿈틀 기어 다니고 있었다. 단층이도 그 모습을 보고 외쳤다.

"악! 이게 뭐예요?"

"아, 그건 '로비타'라고 한단다. 삼엽충을 닮은 로봇이지. 삼엽충이란 고생대에 살았던 생물로, 학명은 '트릴로비타(Trilobita)'라고 한단다. 학명에서

지지 지지 지지지지!

따와서 이름을 로비타라고 지었지."

지층이는 별로 예쁘지도 않고, 기능이 뛰어나 보이지도 않는 로봇을 보며 물었다.

"로비타는 무슨 기능이 있는데요? 왜 만드신 거죠?"

"그…… 그냥 만들었단다. 삼엽충 로봇이라니 특이하지 않니?"

박 박사는 뭔가 숨기고 있는 듯 말을 아꼈다.

"자, 얘들아. 이제 그만 가 봐야지. 아빠가 걱정하시겠다."

박 박사가 지층이와 단층이의 등을 떠밀었다.

그날 밤, 지층이는 아빠를 어떻게 도와주면 좋을지, 로비타는 과연 무엇에 쓰는 로봇인지 생각하느라 쉽게 잠들지 못했다. 그리고 무언가를 숨기고 있는 듯한 박 박사의 모습이 머릿속을 떠나지 않아 더더욱 잠을 이룰 수가 없었다.

다음 날 밤, 책상 위에서 시끄러운 소리가 울려 퍼졌다. 얼마 전에 박 박사에게 받았던 호출기에서 나는 소리였다.

"어? 박 박사님이 이 시간에?"

시계는 밤 2시 43분을 가리키고 있었다. 그 호출기는 지금까지 한 번도 울린 적이 없었다. 하도 울리지 않아, 지층이는 혹시 가짜 호출기가 아닌지 의심을 하기도 했다. 호출기에는 이렇게 쓰여 있었다.

'연구실로 오기 바람. 동생 빼고 혼자서.'

지층이는 휴대 전화가 없어서 바로 연락해 볼 수가 없었다. 이 시간에 일어나서 집 전화로 걸자니 아빠나 단층이가 깰지도 몰랐다.

"어떻게 하지……."

지층이는 혼잣말로 중얼거렸지만, 벌써 박 박사 연구실로 갈 준비를 하고 있었다. 밤이라 그런지 연구실은 멀게만 느껴졌다.

지층이는 연구실 문을 열며 작은 목소리로 박 박사를 불렀다.

"박사님, 박사님……."

"들어오너라."

박 박사가 연구실에 조용히 앉아 있고, 탁자에는 삼엽충 로봇 로비타가 놓여 있었다. 박 박사가 진지한 목소리로 물었다.

"지층아, 너희 아빠가 지층과 화석에 대한 글을 쓰신다고 했지?"

"네……."

"그리고 네가 아빠를 도와드리고 싶다고 했지?"

"네."

"그럼 나랑 약속 하나 하자."

"약속요? 어떤……."

"넌 그저 비밀을 잘 간직하고만 있으면 돼. 지금부터 네가 보고 겪은 것을 아무한테도 말하면 안 된다."

지층이는 궁금증이 점점 더해 갔다.

"뭘 말하면 안 된다는 거죠?"

박 박사가 심각한 표정을 지으며 로비타를 내밀었다.

"로비타의 더듬이를 잡아 보렴."

지층이는 진지한 분위기 때문에 박 박사가 시키는 대로 할 수밖에 없었다.

"음, 뭔가 약한 전기 같은 게 흐르는데요……."

순간 지층이의 눈앞이 하얗게 변했다. 머리에 번개라도 맞은 것처럼 찌릿했지만, 아프지도 뜨겁지도 않았다.

다시 눈을 떠 보니, 지층이는 동굴 같은 곳에 와 있었다.

"여, 여기가 어디예요, 박사님?"

"보다시피 동굴이란다."

"어떻게 여기까지 온 거죠? 방금 전까지 박사님 연구실이었잖아요."

지층이는 어리둥절했다. 도무지 믿기 어려운 일이었다.

"설마…… 아까 그 로봇이……."

"그래. 로비타는 시간과 공간을 초월해서 여행할 수 있게 해 주는 일종의 타임머신이란다."

"저…… 정말요? 정말 그런 일이 가능해요?"

지층이는 자기 뺨을 꼬집어 보았다.

"어? 꿈인가? 뺨에 아무 느낌이 없는데요?"

"로비타는 가상 현실 타임머신 로봇이란다. 지금 너는 연구실에 누워 있지. 몸은 그대로 있고, 생각만 원하는 시대와 원하는 장소로 이동해서 가상 현실을 체험하는 거야."

지층이는 뭐가 뭔지 잘 이해할 수 없었지만, 앞으로 신나는 여행이 펼쳐질 거라는 생각이 들었다.

"그럼 현실로 돌아가고 싶을 때는 어떻게 해요?"

"지금 네 이마에 특이한 무늬가 생겼을 거다. 그게 바로 가상 현실 종료 버튼이야. 앞으로 위급한 상황이 생기거나, 네가 다시 현실로 돌아가고 싶어질 때 그 버튼이 생길 거다."

박 박사가 지층이 이마에 있는 무늬를 누르며 말했다.

"그럼 이제 돌아가 볼까?"

다시 눈앞이 하얗게 번쩍였다. 지층이는 어느새 박 박사의 연구실로 돌아와 있었다.

"우아, 신기하다. 박사님, 정말 돌아왔어요!"

지층이는 너무나 놀라서 뭐라고 말을 잇지 못했다.

박 박사가 심각한 얼굴로 다시 지층이를 의자에 앉혔다.

"로비타는 아직 검증이 모두 끝나지 않은 로봇이란다. 하지만 벌써 이 로봇을 탐내는 사람들이 있지. 나는 로비타를 완벽하게 완성할 때까지 연구를 계속하고 싶구나."

"아, 네……."

"그러니 나와 약속을 하나 하자꾸나. 내가 연구를 할 수 있도록 네가 좀 도와줬으면 좋겠다. 로비타를 이용해 아주 오래전 지질 시대로 여행을 가는 거지. 나는 실험이 잘 이루어지는지 확인하고, 너는 로비타 덕분에 아빠에게 생생한 자료를 줄 수 있을 거다."

"그런 약속이라면 염려 마세요!"

지층이의 마음은 벌써 공룡이 살았던 중생대로 떠나고 있었다.

"잊지 말아라! 이 사실을 누구에게도 알려서는 안 된다!"

"에이, 그럼요!"

"네 아빠와 동생까지 말이다."
"하하, 정말 자신 있다니까요? 제가 얼마나 입이 무거운데요."
그때 귀에 익은 목소리가 들려왔다.
"형아……."
어느새 박 박사의 연구실에 단층이가 들어와 있는 것이 아닌가! 지층이는 부풀었던 마음에 찬물을 끼얹는 소리가 들리는 것 같았다.
박 박사가 힘없이 중얼거렸다.
"아이고, 내가 이럴 줄 알았다니까."
그렇게 비밀스러운 밤은 어느새 아침을 맞이했다.

고 작가의 지질 노트

암석과 광물

　암석은 자연에 있는 고체 알갱이들이 모여서 단단하게 굳어진 덩어리를 말해요. 암석은 한 가지 성분으로 만들어질 수도 있지만, 대부분 여러 성분이 섞여서 만들어져요. 암석은 흔히 '돌'이라고 부르기도 하지요. 그렇다면 광물은 무엇일까요? 바로 암석을 이루는 고체 알갱이들을 광물이라고 해요. 철, 금, 우라늄 같은 것이 광물이고, 화강암, 대리암, 역암, 편마암 등이 암석이지요. 다이아몬드나 루비처럼 빛깔과 광택이 아름다우며 희귀한 광물은 '보석'이라고 해요.

지층은 어떻게 만들어질까?

　물이나 바람에 의해 퇴적물이 쌓이고, 시간이 지나면 그 위에 또 다른 퇴적물이 쌓입니다. 이렇게 여러 층이 쌓이며 지층이 차곡차곡 만들어지지요.

　고무찰흙으로 간단하게 지층을 만들어 볼까요? 우선 각각 색깔이 다른 고무찰흙으로 여러 층을 쌓으세요. 그리고 다 만들었으면 칼로 잘라서 단면을 살펴보세요. 지층과 비슷하게 보일 거예요. 식빵과 햄, 치즈, 달걀 등을 이용해 지층 모양의 샌드위치를 만들어 봐도 좋아요.

끊어지면 단층, 휘어지면 습곡

암석을 보면 때때로 갈라져 있는 모습을 볼 수 있어요. 암석이 외부의 힘을 받아 갈라져서 생긴 단면을 '절리'라고 해요. '주상 절리'란 화산이 폭발했을 때 용암이 식으면서 만들어 놓은 기둥 모양으로 쪼개진 절리를 뜻하지요.

지층이 외부의 힘을 받아 갈라져 어긋난 구조는 '단층'이라고 해요. 지층을 강력한 힘으로 밀거나 당기면 단층이 생기지요.

단층면을 기준으로 위에 있는 지각을 '상반', 아래에 있는 지각을 '하반'이라고 해요. 지층을 양쪽에서 당겨 상반이 하반 아래로 내려간 단층을 '정단층', 미는 힘에 의해서 상반이 하반 위로 올라간 단층을 '역단층'이라고 하지요.

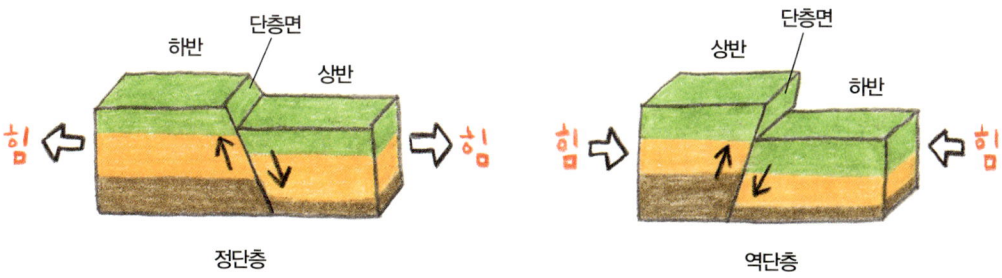

지층이 물결 모양으로 휘어진 경우도 볼 수 있어요. 이런 지질 현상을 '습곡'이라고 해요. 습곡의 휘어진 부분이 수평에 가깝게 기울어져 있는 경우도 있는데, 이런 습곡을 '횡와 습곡'이라고 한답니다.

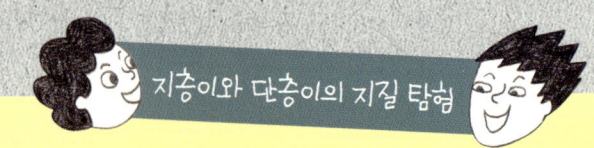

자연 속의 지질 박물관, 변산반도

아름다운 경치와 함께 단층, 절리, 특이한 암석까지 한눈에 볼 수 있는 곳이 있다면 어떨까요? 변산반도에 가면 그 모든 것을 만날 수 있답니다. 채석강과 적벽강으로 유명한 변산반도로 지질 여행을 떠나 볼까요?

어디에 있을까?

변산반도는 전라북도 서남부의 서해안에 돌출해 있는 반도예요. 1988년에 국립공원으로 지정되었지요. 채석강과 적벽강은 변산반도의 격포리 바닷가에서 볼 수 있습니다.

무엇이 있을까?

변산반도는 아주 오래전에 호수가 있던 곳이에요. 중생대 백악기(1억 4500만 년 전~6550만 년 전)를 거치면서 호수에서 만들어진 퇴적암으로 지층이 이루어졌지요.

변산반도에 들어서면 격포항과 함께 채석강을 볼 수 있어요. 채석의 절벽을 보면 마치 책을 쌓아 놓은 것처럼 뚜렷한 지층을 관찰할 수 있지요. 지층을 살펴보면 특히 잘 이어져 있다가 끊어져 생긴 단

채석강의 퇴적 지층

층이 보입니다. 정단층과 역단층을 확인할 수 있지요.

　채석강 절벽을 따라 더 올라가면 적벽강을 만날 수 있어요. 채석강 절벽이 가로무늬를 띠고 있다면, 적벽강 절벽은 세로무늬가 특징이지요. 적벽강 절벽을 자세히 살펴보면 기둥 모양으로 길쭉길쭉하게 갈라져 있는 주상 절리를 볼 수 있어요. 제주도와 한탄강에서도 웅장한 주상 절리를 볼 수 있지요. 주상 절리 사이로는 동굴이 보이는데, 파도가 뚫어 놓은 동굴로 '해식 동굴'이라고 한답니다.

적벽강에 있는 봉돌

　채석강과 적벽강 절벽 아래에 있는 예쁜 자갈들은 마치 고운 구슬을 보는 것 같아요. 이렇게 파도에 곱게 깎인 자갈을 '봉돌'이라고 하지요. 봉돌 사이에서는 아주 희한하게 생긴 암석도 볼 수 있어요. 마치 후추(pepper)를 뿌려 놓은 것처럼 생겼다고 해서 '페퍼라이트(peperite)'라고 부르는데, 용암이 식으면서 퇴적물들이 섞여 만들어진 암석입니다.
적벽강 절벽에서는 모양이 뚜렷한 습곡도 덤으로 볼 수 있어서 그야말로 지질 교과서라고 할 수 있답니다.

페퍼라이트

3장 지구 역사의 기록, 지층

"으…… 미칠 것 같다."

일요일 아침. 고 작가는 어젯밤에 잠을 한숨도 이룰 수가 없었다. 출판사에 원고를 쓰겠다고 큰소리를 쳤건만 도무지 내용이 떠오르지 않았다. 시간은 자꾸 지나가고, 혹시 원고를 마감 때까지 쓰지 못하면 어쩌나 하는 아찔한 생각만 머리에 가득했다.

지층이가 해맑게 웃으며 방문을 열고 아빠를 불렀다.

"아빠, 오늘 아침은 샌드위치 어때요?"

"뭐라고? 아빠가 밤을 새운 거 모르니? 아빠는 아침 안 먹을 거니까 너희들은 알아서 먹어!"

고 작가는 방문을 쾅 닫아 버렸다. 따뜻한 일요일 아침 햇살마저 방문에 가로막혀 버렸다.

지층이가 힘없는 목소리로 말했다.

"어휴, 아빠가 글을 또 못 쓰셨나 봐."

"아빠는 꼭 지킬 박사 같아. 우리랑 잘 놀아 주시다가도 가끔씩 저렇게 확 변한다니까."

단층이도 못마땅한 표정을 지었다. 그때 문이 다시 벌컥 열리면서 고 작가가 나왔다.

"아빠, 산책 좀 하고 온다. 머리가 무거워서 도저히 안 되겠어."

고 작가는 등산이라도 가려는지 옷을 잔뜩 차려입고 있었다.

"에잇! 신발이 왜 이렇게 안 들어가!"

고 작가는 얌전히 기다리고 있던 등산화에 괜히 신경질을 부렸다. 그러고는 얼굴을 잔뜩 찌푸린 채 집을 나섰다.

단층이가 말했다.

"형, 뭐 해. 빨리 옷 입어."

"왜?"

지층이는 어리둥절했다.

"아빠를 따라가 봐야 하지 않겠어? 산에서 혼자 다니다가 길이라도 잃어버리시면 어떻게 해?"

지층이와 단층이는 결국 고 작가를 따라 함께 집을 나섰다. 고 작가는 집 뒤에 있는 언덕을 따라 산으로 올라가고 있었다. 애꿎은 산새들에게 괜히 화풀이를 하면서 말이다.

"에이, 조용히 산책 좀 하려니까 새소리가 왜 이렇게 시끄러워!"

단층이가 조용한 목소리로 지층이에게 속삭였다.

"거봐! 아빠가 저렇게 계속 신경질을 내잖아."

"아이참, 산길이 왜 이렇게 질척대는 거야? 산 지 얼마나 됐다고 등산화도 벌써 더러워졌네."

고 작가는 계속 투덜거리면서 산꼭대기에 있는 약수터로 향했다. 그러면서 산속에 10년도 넘게 서 있던 나무들에게 시비를 걸고, 졸졸 흐르는 시냇물 소리까지도 시끄럽다며 투덜거렸다.

아빠 모습을 조용히 지켜보던 지층이가 말했다.

"아무래도 안 되겠어. 단층아, 우리 박 박사님한테 가서 도움을 청해 보자."

"음…… 아빠가 너희들을 정말 사랑하시는구나."

지층이의 이야기를 모두 들은 박 박사가 고개를 끄덕이며 말했다.

"네? 사랑하는데 그렇게 신경질을 부린다고요? 그냥 글이 안 써지니까 우리한테 화풀이하는 거겠죠, 뭐."

지층이가 고 작가와 똑같은 표정을 지으면서 투덜댔다. 박 박사는 좋은 원고를 써야 베스트셀러 작가가 될 수 있고, 그래야 돈을 많이 벌어 아이들을 잘 키울 수 있다며 차근차근 설명했다.

"그럼 저희가 아빠를 어떻게 도와드리면 될까요?"

단층이의 질문에 박 박사는 대답 대신 윙크를 했다. 박 박사는 어느새 로비타를 바라보고 있었다.

"그럼 본격적으로 실험을 시작해 볼까?"

박 박사는 로비타를 탁자에 올려놓고 꼬리 부분을 잡아당겼다.

"위잉."

로비타의 눈에 불이 번쩍 들어오더니 홀로그램 스크린이 나타났다.

"가상 현실을 체험할 수 있게 해 주는 터치스크린이란다. 여기에 원하는 시간과 장소를 입력하고……."

"우아!"

지층이와 단층이는 로비타의 능력이 마냥 신기하기만 했다.

"자, 지난번처럼 로비타의 더듬이를 한번 잡아 보렴."

박 박사의 말이 끝나자마자 지층이와 단층이는 동시에 로비타의 더듬이를 잡았다. 눈을 감았어도 눈앞이 하얗게 변하는 것 같았다. 무엇인가가 몸을 확 잡아끄는 느낌이었다. 자기도 모르게 어디론가 멀리 여행을 떠나는 것 같았다.

"여…… 여기가 어디지?"

지층이와 단층이가 눈을 뜬 곳은 틀림없이 우리나라는 아니었다. 금발 머리에 눈이 파랗고, 검은 양복을 입은 사람들이 거리를 돌아다니고 있었다.

지층이는 바쁘게 길을 가던 남자 하나를 붙들고 물어보았다.

"저…… 실례지만 여기가 어딘가요?"

"어린 신사 양반, 여기가 어디냐고? 어디긴 어디야. 영국 런던이지."

"네? 런던요?"

지층이와 단층이는 너무나 당황스러웠다.

"나는 지금 지질학회에서 열리는 시상식에 가고 있단다. 혹시 울러스턴상이라고 들어 봤니?"

"그…… 글쎄요. 잘 모르겠어요."

남자는 말이 끝나기도 전에 급하게 가 버렸다. 지층이와 단층이는 '지질학회'라는 말에 일단 남자를 따라가 보기로 했다.

지층이와 단층이가 도착한 곳은 커다란 시상식장이었다. 무대에 있던 사회자가 마이크 앞에 섰다.

"신사 숙녀 여러분. 오늘은 여러분께 정말 특별한 분을 소개해 드리려고 합니다. 지구 역사를 한눈에 볼 수 있는 기록장을 만드신 분이 있습니다. 우리는 그분 덕분에 지구 역사를 제대로 알 수 있게 되었습니다. 특정한 지층에서는 특정한 화석이 나온다는 지층 동정의 법칙을 확립해 지질 연구에 큰 기여를 하신 윌리엄 스미스 씨를 소개합니다."

자리에 앉아 있던 사람들이 모두 일어나 박수를 쳤다. 지층이와 단층이도 사람들을 따라 덩달아 박수를 쳤다.

단층이가 깜짝 놀라 소리쳤다.

"어, 형! 아까 거리에서 만난 아저씨인데?"

윌리엄 스미스가 마이크 앞에 서서 말했다.

"감사합니다. 저는 탄광 측량사입니다. 지형의 높낮이와 깊이, 거리 등을 측정하는 일을 하지요. 아마 저보다 땅속에 많이 들어가 본 사람은 없을 겁니다. 어느 날, 저는 땅이 여러 개의 층으로 이루어져 있다는 사실을 발견했습니다. 땅속은 마치 샌드위치 같았습니다."

사람들은 조용하고 엄숙한 분위기에서 윌리엄 스미스의 이야기에 귀를 기울였다.

"샌드위치 만들 때를 생각해 보십시오. 우선 빵을 놓고 그 위에 치즈, 햄, 채소를 차례대로 올려놓습니다. 그러고는 소스를 뿌린 뒤 마지막으로 다시 빵을 덮습니다. 그럼 가장 먼저 쌓인 재료는 무엇일까요? 당연히 맨 처음에 깔았던 빵입니다. 지층도 똑같은 방식으로 만들어집니다. 물이나 바람에 의해서 퇴적물이 차례대로 차곡차곡 쌓인 층을 바로 '지층'이라고 하지요."

윌리엄 스미스는 지층이 생기는 원리를 설명하면서 수상 소감을 이어 갔다.

"지층은 우리가 밟고 있는 이 땅덩이가 어떤 순서로 만들어졌는지, 그리고 그곳에 무슨 일이 일어났는지 알려 주는 기록장이라고 할 수 있습

니다. 제가 이렇게 큰 상을 받게 된 것은 모두 지구 덕분입니다. 이 고마움을 평생 지질 연구에 바치도록 하겠습니다."

수상 소감이 끝나자 사람들은 또다시 일어나서 박수를 쳤다.

지층이가 씩 웃으며 말했다.

"아하! 단층아, 박 박사님이 우리를 이곳에 보낸 이유를 이제야 알 것 같다."

"크크. 형, 난 이미 스미스 아저씨가 한 말을 다 적었다고."

지층이와 단층이 얼굴에 미소가 한껏 번졌다. 지층이는 단층이 이마에 생긴 귀환 버튼을 눌렀다.

"아빠!"

단층이 목소리에 고 작가가 눈을 비비면서 일어났다. 약수터로 산책을 갔다 온 뒤로 잠깐 눈을 붙인다는 게 두 시간 넘게 낮잠을 자 버렸다. 자고 일어나 보니 예쁜 접시에 샌드위치 하나가 놓여 있었다.

지층이가 아빠를 보며 말했다.

"아빠, 단층이랑 제가 만든 특별한 샌드위치예요."

이제야 기분이 풀렸는지 고 작가가 미소를 지으며 물었다.

"뭐가 그렇게 특별한데?"

지층이는 대답 대신 노트를 하나 내밀었다.

"샌드위치는 영국의 J.M.샌드위치 백작이 식사할 시간을 아끼려고 만든 음식이래요. 더 중요한 건 몇 년 뒤, 윌리엄 스미스라는 지질학자가 지층을 연구해 세계 최초의 지질도를 만들었다는 거예요. 지층은 퇴적물들이 샌드위치처럼 차곡차곡 쌓인 층이라고 할 수 있지요. 이 내용을 시작으로 원고를 써 보시면 어떨까요? 저희들이 자료를 좀 모아 봤어요."

고 작가는 조금 당황한 눈빛으로 지층이가 준 노트를 펼쳐 보았다. 첫 번째 장에는 '고 작가의 스트레스 지층'이라고 적혀 있었다.

'고 작가의 스트레스 지층을 보면 맨 아래에는 잠 못 자고 깔아 놓기만 한 이불이 있다. 그 위층에는 아들들에게 퍼부은 아침 샌드위치 구박, 그 위층에는 꽉 끼는 등산화가 주는 스트레스, 그리고 시끄러운 시냇물 소리와 산새들 울음소리 등이 차곡차곡 쌓여 있다.'

그리고 그다음 장에는 영국의 지질학자 윌리엄 스미스 이야기를 비롯해 점이 층리, 건열, 연흔 같은 지질 현상들이 잔뜩 적혀 있었다.

"너희들이 아빠 도와주려고······."

고 작가는 샌드위치를 한 입 베어 먹으면서 눈시울을 적셨다.

지층이가 수줍게 말했다.

"아빠, 저희들 때문에 열심히 글 쓰시는 거 알아요. 저희도 아빠를 도와드리고 싶어요."

"그래, 글 쓰는 일도 마치 지층 같구나. 처음부터 하나씩 차근차근 쓰지 않으면 아무것도 이룰 수 없다는 사실을 너희들 덕분에 다시 한번 깨달았단다."

고 작가는 다시 컴퓨터 앞에 앉았다. 잠시 비워 둔 키보드에 먼지들이 엷게 쌓여 있었다. 고 작가는 지층이와 단층이가 만들어 준 노트를 키보드 옆에 놓고 작업을 시작했다.

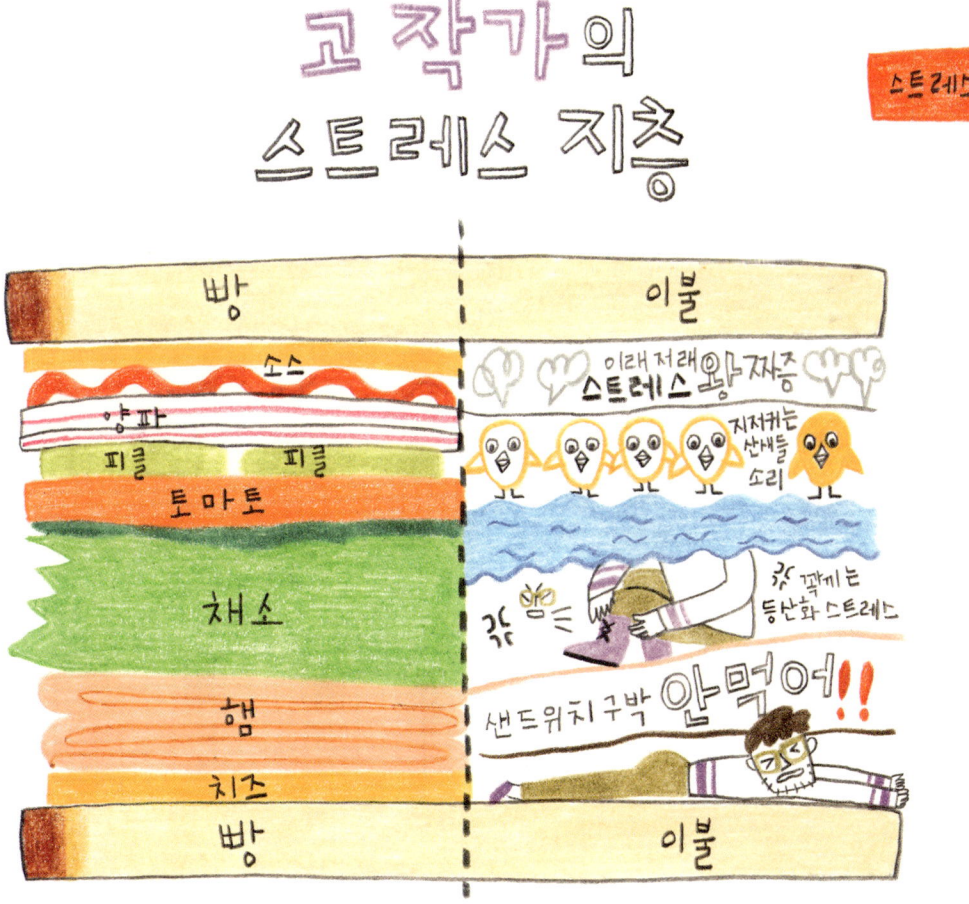

고 작가의 지질 노트

세계 최초 지질도

1769년 영국에서 태어난 윌리엄 스미스는 원래는 측량사로 일했습니다. 석탄을 운송하기 위한 운하 건설 현장에서 일하면서 지층에 대해 관심을 갖게 되었지요. 지질학의 매력에 푹 빠져 버린 스미스는 혼자 영국 곳곳을 돌아다니면서 지층을 연구했어요. 그 결과 지역마다 지층이 서로 다르게 생겼다는 사실과 특정한 지층에서 특정한 화석이 나온다는 사실을 알아냈지요.

스미스는 그 뒤로도 꾸준히 연구를 해서 1815년에는 '잉글랜드 웨일스 지질도'라는 최초의 지질도(지역별로 지층과 암석의 종류를 기록한 지도)를 만들어 냈어요. 또한 덴마크 학자 니콜라우스 스테노가 1669년에 주장했던 지층 누중의 법칙(58쪽)을 입증해 층서학(지질학의 한 분야로, 지구 발달사를 연구하는 학문)의 체계를 세우기도 했습니다. 스미스는 지질 조사 연구의 길을 최초로 개척한 업적으로, 1831년 런던 지질학회로부터 울러스턴상을 받았어요.

잉글랜드 웨일스 지질도

지층의 모양은 다양해!

1. 지층의 대표, 점이 층리

지층을 이루는 각각의 층을 '층리'라고 해요. 지층은 쌓인 모양이나 구조에 따라 여러 가지로 나눌 수 있는데, 우리가 흔히 지층이라고 부르는 것이 '점이 층리'예요. 퇴적물이 물을 따라 움직이다가 차례로 쌓여서 만들어진 지층이지요. 무거운 물체일수록 아래에 가라앉고, 점점 더 가벼운 퇴적물이 쌓여서 층을 이루어요.

2. 물이 지나간 기록, 사층리

　비스듬한 무늬가 보이는 지층을 '사층리'라고 해요. 물이나 바람이 일정한 방향으로 흘러서 무늬를 만들어 낸 지층이지요. 사층리는 주로 사막이나 얕은 물속처럼 모래가 많은 곳에서 볼 수 있어요. 사층리를 보면 바람이나 물이 흐른 방향을 알 수 있기 때문에, 퇴적물이 쌓였을 당시의 환경을 짐작할 수 있답니다.

3. 갈라진 땅, 건열

　말라서 쩍쩍 갈라진 땅을 '건열'이라고 해요. 건열이 생기는 원리는 가뭄 때 논바닥이 갈라지는 것과 똑같아요. 가뭄으로 물이 마르면 물속에 잠겨 있던 진흙층이 바깥으로 드러나고 햇볕에 마르면서 틈이 생겨 갈라지는 거예요.

4. 물결 모양 자국, 연흔

　지층에 나타난 물결 모양의 흔적을 '연흔'이라고 해요. 주로 바닷가나 강바닥의 모래층에 만들어져요. 연흔은 흐르는 물이나 바람 때문에 생겨나는데, 그 모양을 보면 물이 흘렀던 방향을 알 수 있습니다.

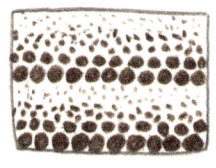
점이 층리

사층리

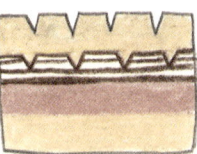
건열

연흔

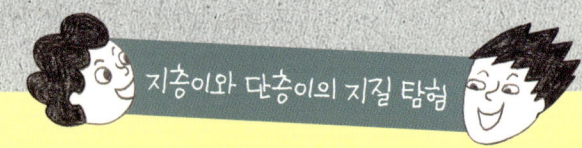

공룡의 흔적을 간직한 곳, 시화호

시화호는 경기도 안산시, 시흥시, 화성시에 걸쳐 있는 인공 호수입니다. 간척 사업으로 거대한 땅이 드러나면서 남쪽 간척지에서 공룡알 화석이 무더기로 발견되었지요. 거대한 공룡이 금방이라도 불쑥 나타날 것만 같은 시화호에서는 공룡알 화석은 물론 다양한 지질 현상도 함께 볼 수 있답니다.

어디에 있을까?

공룡알 화석 산지는 경기도 화성시 송산면 고정리에 있어요. '고정리 공룡알 화석 산지 방문자 센터'를 찾아가면 다양한 정보를 볼 수 있어요.

공룡알 화석

무엇이 있을까?

시화호에 있는 공룡알 화석 산지는 원래 작은 섬이 있던 곳이에요. 간척 사업으로 물을 막으면서 거대한 벌판이 만들어졌지요. 공룡알 화석들은 이렇게 드러난 곳에서 발견되었어요. 그중에서도 누드 바위 주변에 공룡알 화석이 많이 있답니다. 이곳에 있는 공룡알 화석의 크기는 지름이 12~14cm, 두께는 1mm 정도예요.

이 공룡알 화석들은 원래 모습을 그대로 간직한 것도 있고, 깨진 알껍데기 조각만 남은 것도 있어요. 알껍데기 두께는 보통 1mm 정도인데, 그중에는 두께가 4mm나 되는 공룡알도 있답니다. 이러한 공룡알 화석들은 세계에서도 드물게 발견되기 때문에, 이곳을 천연기념물 제414호로 지정해 보호하고 있어요.

신기한 것은 화석들뿐만이 아니에요. 이곳에 있는 암석들은 그 속에서 공룡이 금방이라도 튀어나올 것처럼 특이하게 생겼어요. 색깔도 붉은색을 띠고 있고, 마치 모래를 뭉쳐 놓은 것처럼 보여요. 손으로 쓸어내리면 금세 가루가 되어 쏟아질 것만 같지요. 암석이 붉은색인 이유는 퇴적층을 이루는 성분이 주로 붉은색을 띠는 산화철로 되어 있기 때문이에요.

시화호에 있는 퇴적 지층들

시화호에 가면 다양한 지질 현상들도 관찰할 수 있어요. 우선 거대한 암석에는 해식 동굴이 보입니다. 이곳이 원래 바다였음을 알려 주는 증거이지요. 그 밖에도 물의 흐름에 의해서 자갈이 한 방향으로 늘어선 '비늘 구조', 퇴적암이 쌓여서 층을 이루는 다양한 층리 모습도 관찰할 수 있답니다.

주로 붉은색을 띤 수평 지층

4장 우라늄이 밝힌 지층 나이

"그런데 아빠, 지층 중에서 어떤 층이 가장 먼저 만들어졌는지 어떻게 알아요?"

단층이가 제법 어른스럽게 물었다.

"어떤 지층이 가장 오래전에 만들어졌는지 알 수 있는 방법에는 여러 가지가 있지. 주로 세 가지를 많이 쓰는데 지층 누중의 법칙, 관입의 법칙, 부정합의 법칙이야."

고 작가가 진지하게 말을 이어 갔다.

"지층 누중의 법칙은 밑에 있는 지층이 위에 있는 지층보다 먼저 만들어졌다는 뜻이란다. 지층이 만들어질 때 아무런 영향을 받지 않고 퇴적물이 층층이 쌓이기만 했다면, 당연히 가장 먼저 쌓인 퇴적물이 가장 오래되었겠지."

'책으로 과학을 말하다'라는 텔레비전 프로그램에서 고 작가를 촬영하러 시골집으로 왔다. 고 작가와 고등학교 동창인 박 PD가 만드는 과학책을 소개하는 프로그램이었다. 덕분에 지층이와 단층이도 아빠와 함께 텔레비전에 출연하게 되었다.

"컷! 네, 수고하셨습니다!"

수염이 지저분하게 난 박 PD가 고 작가와 아이들을 향해 외쳤다. 고 작가가 이마에 흐르는 땀을 훔치며 중얼거렸다.

"휴, 글 쓰는 일보다 더 어려운걸?"

고 작가의 모습을 지켜보던 지층이가 웃으며 말했다.

"하하, 아빠. 작가가 아니라 지질학자 같은데요?"

박 PD가 깐깐한 목소리로 말했다.

"그럼 오늘 촬영은 여기에서 끝내고 다음 주에 만나자. 다음에는 지층 나이를 측정하는 방법을 알려 주면 좋겠어. 우라늄으로 지층 나이 측정하는 거 있잖아."

고 작가는 무슨 말인지 몰라 2초 정도 당황했다.

"어…… 그 정도야 할 수 있지. 그래, 다음 주에 보자."

박 PD는 촬영 팀을 데리고 순식간에 시골집을 떠났다. 고 작가의 머릿속에 박 PD의 말이 계속 맴돌았다.

'다음에는 지층 나이를 측정하는 방법을 알려 주면 좋겠어. 우라늄으로 지층 나이 측정하는 거 있잖아. 지층 나이를 측정하는 방법이라, 우라늄으로……'

고 작가는 눈을 감고 미간에 주름을 잡으면서 한숨을 쉬기 시작했다.

"자식, 고등학교 때는 나보다 공부도 못했으면서 지금은 잘나가는 방송국 PD라고 잘난 척이야."

지층이와 단층이는 다시 박 박사를 찾아가야 할 때라고 생각했다.

"그래서 다음 주까지 우라늄으로 지층 나이 측정하는 방법을 찾아야 한다고? 그냥 인터넷이나 책을 찾으면 되지 뭘 또 찾아왔니?"

자초지종을 들은 박 박사가 지층이에게 물었다.

"헤헤, 그래도 되지만요. 그런 방법은 이해가 잘 안 가거든요."

지층이의 미소 속에는 다른 뜻이 숨어 있었다. 지층이의 말이 끝나자마자 단층이가 얼른 끼어들었다.

"치, 거짓말. 로비타로 여행 가고 싶으니까 그렇지?"

지층이는 눈치 없는 단층이를 흘겨보며 역시 동생은 도움이 안 된다고 생각했다. 박 박사가 웃으며 말했다.

"하하, 그렇다면 나도 이참에 로비타를 또 한 번 실험해 봐야겠구나. 그럼 이번에는 단층이는 빼고 갈까?"

단층이가 펄쩍 뛰며 말했다.

"네? 안 돼요, 안 돼! 절대로 안 돼요. 저도 갈래요. 저도 여행 가고 싶다고요!"

"허허, 그럴 줄 알았다. 그럼 이번에는 아주 특이한 경험을 시켜 주마. 바짝 긴장하는 게 좋을 거야."

박 박사의 경고는 지층이와 단층이를 오히려 설레게 했다.

잠시 뒤, 눈을 떠 보니 아무것도 없는 공간이 나타났다. 지층이와 단층이는 마치 우주에 와 있는 것 같은 기분이 들었다.

지층이가 주위를 두리번거리며 중얼거렸다.

"뭐…… 뭐지? 실험이 좀 잘못된 것 아냐?"

그때 마치 만화 영화에나 나올 법한 유령 같은 하얀 물체가 스르르 다가왔다.

"얘들아, 안녕? 난 라늄이라고 해."

"라늄? 어디서 많이 들어 본 말인데……."

단층이가 고개를 갸웃거리며 물었다.

"형! 혹시 우라늄 말하는 거 아냐? 핵폭탄 만들 때 쓰는 거."

"뭐? 정말?"

지층이와 단층이는 핵폭탄이라는 생각에 깜짝 놀라서 뒤로 한 걸음 물러섰다. 라듐이가 깔깔 웃으며 말했다.

"얘들아, 나 그렇게 무섭지 않아. 우린 에너지를 만들기도 하고, 지층의 나이를 알려 주기도 한단다."

"지층의 나이?"

그 말을 듣고서야 지층이와 단층이는 여기에 왜 왔는지 떠올렸다. 아이들은 멈춰 서서 다시 라듐이의 이야기를 들었다.

"우라늄처럼 방사능이 들어 있는 원소를 '방사성 동위 원소'라고 해. 방사성 동위 원소는 일정한 시간이 지나면 양이 절반으로 줄어드는 성질이 있지. 이 기간을 '반감기'라고 해."

지층이와 단층이는 라듐이의 이야기에 열심히 귀를 기울였다. 물론 내용을 적는 일도 잊지 않았다.

라듐이가 말을 이었다.

"방사성 동위 원소들마다 반감기가 제각각 달라. 예를 들어, 나 같은 우라늄 235의 반감기는 약 7억 년이야. 우라늄은 원자량에 따라 234, 235, 238, 이렇게 세 종류가 있지."

단층이가 입을 쩍 벌리며 말했다.

"뭐? 7억 년? 장난 아니게 기네."

지층이가 의심이 가득한 목소리로 물었다.

"그런데 반감기랑 지층 나이랑 무슨 상관이지?"

"양이 줄어든다고 해서 완전히 없어지는 건 아니야. 납으로 변하지."

"납으로 변한다고?"

"그래. 사라지는 게 아니라 절반이 납으로 변하는 거야. 그러니까 우라늄 50g이 들어 있던 암석이 약 7억 년이 지나면 그 안에 있던 우라늄은 25g이 돼. 나머지 우라늄은 납으로 변하는 거지. 그래서 우라늄 양을 측정하면 암석 나이를 알 수 있어. 암석 나이를 알면 당연히 지층 나이도 알 수 있고."

라늄이는 그렇게 반감기를 이용해 지층 나이를 측정하는 방법을 알려 주고는 갑자기 사라졌다.

단층이가 웃으면서 말했다.

"형, 우리가 이번에도 해낸 거지?"

그때 허공에 갑자기 영화 스크린 같은 화면이 뜨더니 이런 글씨가 나타났다.

"방사성 동위 원소는 종류에 따라서 반감기가 모두 다르다. 우라늄 238은 약 45억 년, 우라늄 235는 약 7억 년, 라듐 226은 약 1600년, 루비듐 87은 약 490억 년."

"하하, 사실 알고 보면 아주 간단합니다. 방사성 동위 원소들은 저마다 고유한 반감기를 가지고 있지요. 이런 반감기를 이용해서 암석을 측정하면 암석 나이를 알 수 있습니다."

오늘, 고 작가는 카메라 앞에서 저번보다 훨씬 당당했다.

"이런 방법을 '절대 연대 측정법'이라고 합니다. 이번에 제가 쓰는 책에 이런 내용들을 아주 쉽게 설명했지요. 재미있는 이야기 속에 정보들이 녹아 있어서 아이들이 흥미롭게 읽을 수 있답니다."

고 작가는 언제 연습을 했는지 마치 가수가 랩을 하듯 거침없이 말을 쏟아 냈다. 예전에 지층이가 한 말대로 작가보다 지질학자로 보일 정도였다.

아빠 모습을 지켜보던 지층이가 말했다.

"으…… 손발이 쪼금 오그라든다. 아빠가 언제부터 저렇게 자신감이 넘쳤지?"

단층이도 고개를 끄덕이며 말했다.

"그러게 말이야. 아빠는 떨리지도 않나 봐. 카메라 체질인가?"

일주일 뒤, 단층이가 허겁지겁 텔레비전을 켰다. 오늘이 바로 고 작가가 촬영했던 '책으로 과학을 말하다' 프로그램을 방송하는 날이기 때문이다.

지층이가 신나는 목소리로 외쳤다.

"아빠, 조금 있으면 일곱 시예요!"

"아유, 녀석들 호들갑 떨기는. 텔레비전 보고 너무 놀라지는 말아라. 아빠가 원래 잘생겨서 화면발이 남다르거든."

고 작가가 거드름을 피우면서 두 아들 사이에 앉았다. 막 프로그램이 시작하고 있었다.

"안녕하세요. '책으로 과학을 말하다'의 사회자 이도서입니다. 오늘은 아주 특별한 분을 소개하겠습니다. 지질학 정보가 가득 담긴 재미있는 동화를 쓰는 작가이자, 귀여운 두 아이의 아빠라고 하는데요. 그럼 화면부터 보시죠."

고 작가와 아이들은 화면에서 눈을 뗄 수가 없었다.

"어떤 지층이 가장 오래전에 만들어졌는지 알 수 있는 방법에는 여러 가지가 있지."

고 작가의 말이 짧게 나오고 내레이션이 이어졌다.

"강원도 산골에서 사는 고 작가는 단란한 가정 속에서 두 아이들과 함께······"

고 작가가 아이들과 함께 재미있게 뛰어노는 장면과 아름다운 시골 풍경이 펼쳐졌다. 지층이와 단층이의 해맑은 목소리도 텔레비전에서 흘러나왔다.

"하하, 그럼요. 아빠가 최고예요."

"아빠는 글을 쓰실 때면 고민을 많이 하세요. 글이 잘 안 풀리실 때는 산책을 하면서 명상을 하시기도 해요."

내레이터의 은은한 해설과 함께 텔레비전 화면은 자연과 함께하는 작가의 삶에 초점이 맞추어졌다.

"고 작가는 오늘도 이렇게 자연을 벗 삼아 글쓰기 작업에 몰두하고 있다……."

사회자 이도서가 다시 마이크를 잡았다.

"네, 정말 단란한 가정을 두셨네요. 고 작가님, 부럽습니다. 자연 속에서 글을 쓰며 사는 삶은 어떨지 궁금해지네요. 자, 그럼 다음에 소개할 작가분은……."

고 작가가 자리에서 벌떡 일어나며 외쳤다.

"어? 뭐지? 이게 다야?"

단층이가 깔깔 웃으며 말했다.

"으하하! 아빠가 외운 대사들이 모두 잘린 거예요?"

지층이도 씩 웃으며 말했다.

"뭐예요. 아빠 친구분이라더니 아빠가 나온 부분은 몽땅 편집해 버렸네요."

고 작가는 조용히 방으로 들어갔다. 방문도 조용히 닫혔다. 책상에 앉은 고 작가가 화난 목소리로 중얼거렸다.

"내가 다시는 방송에 나가나 봐라. 박 PD 이 녀석, 다음 동창회에서 만나면 두고 보자!"

고 작가의 지질 노트

암석 나이를 알아내는 기계

암석에 들어 있는 방사성 동위 원소의 양을 보고 지층의 실제 나이를 알아내는 방법을 '절대 연대 측정법'이라고 해요. 방사성 동위 원소의 양이 절반으로 줄어드는 반감기를 계산해 보면 암석과 지층의 나이를 알 수 있지요. 예를 들어, 우라늄 235의 반감기는 약 7억 년이에요. 어떤 암석에 들어 있는 우라늄의 양이 반으로 줄고 나머지가 납으로 변해 있다면, 그 암석의 나이는 약 7억 년이 되지요.

그렇다면 과학자들은 어떤 방법으로 암석 속에 있는 방사성 동위 원소의 양을 측정할까요? 바로 기계를 이용해서예요. '슈림프(SHRIMP)'라는 기계는 산소 이온 빔을 암석에 쏘아 우라늄과 납을 이온(전기를 띠는 원자) 상태로 분리해 내요. 그런 다음 우라늄과 납 이온의 질량을 분석해서 암석 나이를 알아내지요. 우리나라에는 한국 기초 과학 지원 연구원이 슈림프를 가지고 있어요.

지층이 쌓인 순서를 밝혀라!

암석 나이를 알아내는 것도 중요하지만, 지층들 중에서 어떤 지층이 가장 먼저 생겼는지 아는 것도 중요해요. 지층은 순서대로 차곡차곡 쌓이기만 하는 것이 아니라, 뒤집어지기도 하고 끊어지기도 해요. 때로는 마그마(땅속 깊은 곳에 있던 암석이 열과 압력을 받아 녹은 것)가 뚫고 들어와 뒤섞일 때도 있지요. 하지만 몇 가지 법칙만 잘 알면 어떤 지층이 먼저 만들어졌는지 알아낼 수 있답니다.

1. 맨 아래 있는 지층이 가장 오래됐다 – 지층 누중의 법칙

'지층 누중의 법칙'이란 지층을 변화시키는 요인 없이 퇴적물이 차곡차곡 순서대로 쌓였다면, 가장 아래쪽에 있는 지층이 위에 있는 지층보다 오래되었다는 법칙이에요.

1669년에 덴마크의 지질학자 니콜라우스 스테노가 주장했지만 당시에는 별 반응이 없었어요. 그로부터 약 100년 뒤, 윌리엄 스미스가 지층 누중의 법칙을 다시 입증해 보여 세상의 주목을 받았지요.

지층 누중의 법칙

2. 뚫고 들어간 지층이 가장 막내 – 관입의 법칙

지층이 차곡차곡 쌓이던 중 주변에 화산 활동이 일어나 마그마가 지층을 뚫고 들어오는 경우가 있어요. 그러면 뚫고 들어온 마그마가 굳어서 만들어진 층이 가장 나중에 생긴 층이 되지요. 이렇게 다른 지층을 뚫고 들어간 지층이 뚫린 지층보다 나중에 생겼다는 법칙을 '관입의 법칙'이라고 해요.

관입의 법칙

3. 손자 지층과 할아버지 지층의 만남 – 부정합의 법칙

먼저 쌓여 있던 지층이 휘어지거나 끊어져요. 그 뒤로 수십억 년이 지나, 그 지층 위에 또 다른 퇴적물이 쌓여 층을 이룰 때가 있어요. 이렇게 아주 오래된 지층과 새로운 지층 사이에는 긴 시간의 차이가 있다는 법칙을 '부정합의 법칙'이라고 해요. 화산, 지진 등 여러 가지 원인으로 뒤섞여진 지층을 '부정합', 차곡차곡 순서대로 쌓인 지층을 '정합'이라고 하지요.

부정합의 법칙

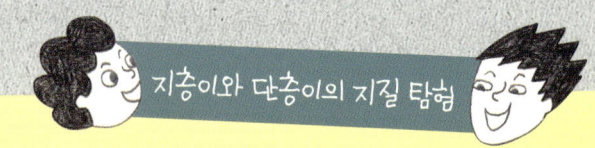

자연이 만든 주상 절리 커튼, 한탄강

제주도 지삿개 바닷가에 가 보면 거대한 육각기둥을 세워 놓은 듯한 주상 절리를 만날 수 있어요. 누가 이런 예술품을 조각했을까요? 정답은 화산이랍니다. 제주도 말고도 한탄강 주변에서도 멋있는 주상 절리를 감상할 수 있지요.

한탄강 주변에는 주상 절리뿐만 아니라 미국의 그랜드 캐니언 같은 협곡(폭이 좁고 깊은 골짜기)도 있어요. 게다가 구석기 시대에 만들어진 고인돌까지 발견된다고 하니, 지질학적으로 정말 특별한 곳이라고 할 수 있습니다.

어디에 있을까?

한탄강은 강원도 평강군에서 시작해서 철원군과 경기도 연천군을 흐르는 강이에요. 주상 절리를 보려면 한탄강의 지류 가운에 하나인 차탄천과 선아두리교 주변으로 가야 해요. 협곡 구조를 보려면 한탄강 상류에 있는 재인 폭포로 가야 합니다.

무엇이 있을까?

한탄강 주변에는 가파른 절벽이 많은데, 그곳에서 다양한 지질 현상을 발견할 수 있지요. '선아두리교'라는 다리 주변에 가면 돌로 된 육각기둥이 커튼처럼 둘러쳐진 주상 절리가 보여요. 이곳이 아주 오래전에 화산 지대였다는 사실을 알 수 있지요.

주상 절리 아래에는 분홍

한탄강의 웅장한 주상 절리

색 점무늬를 띠는 변성암(땅속에서 열과 압력을 받아 특성이 변한 암석)들이 있어요. 분홍색 점들은 무늬가 아니라 '석류석'이라는 광물이지요. 석류석은 보석으로도 널리 쓰여요.

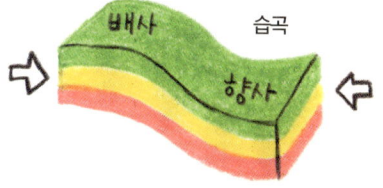

　선아두리교 근처에서는 지층이 힘을 받아 심하게 구부러진 습곡 현상도 쉽게 관찰할 수 있어요. 구부러진 모습을 자세히 살펴보면 위로 볼록하게 향한 부분과 오목하게 들어간 부분이 있어요. 볼록한 부분을 '배사', 오목하게 들어간 부분을 '향사'라고 하지요. 하지만 이곳에서 발견되는 습곡은 너무 심하게 휘어지고 옆으로 누워 있기도 해서 향사와 배사를 구분하기가 쉽지 않아요.

　선아두리교를 등지고 차탄천을 따라 내려가다 보면 특이한 지층을 만날 수 있어요. 지층의 맨 아래쪽에는 변성암이 있고, 그 위에는 자갈로 이루어진 퇴적암층이 있지요. 그리고 그 위에는 현무암층이 쌓여 있어요. 뭔가 특이하다는 생각이 들지 않나요? 잘 생각해 보세요. 세 가지 암석을 한 번에 볼 수 있는 곳이랍니다!

한탄강의 특이한 퇴적층

5장 지구에서 가장 오래된 화석

한동안 잠잠했던 호출기가 갑자기 시끄러운 소리를 내기 시작했다.

"어? 박사님 호출인데?"

지층이와 단층이는 박 박사의 연구실로 신나게 달려갔다. 박 박사가 아이들의 얼굴을 보며 심각한 목소리로 말했다.

"얘들아, 오늘은 아주 중요한 실험이 있어서 너희들을 불렀다. 지금까지 했던 실험과는 비교도 안 될 정도로 중요하지만, 그만큼 위험하기도 한 실험이야. 무슨 내용인지 한번 들어 보겠니?"

다른 때 같으면 농담도 하고 웃기도 했을 박 박사인데, 오늘은 너무도 달랐다. 아이들도 덩달아 긴장해서 물었다.

"어떤 실험인데요?"

"주…… 죽을 수도 있어요?"

박 박사가 힘찬 목소리로 외쳤다.

"이름 하여 가상 생명 부활 프로젝트! 생명이 없는 물체에 생명을 불어넣는 실험이지."

지층이가 떨리는 목소리로 물었다.

"어…… 어떻게요?"

"로비타의 가상 현실 장치를 이용해서 물체에 생명을 불어넣는 거야. 하지만 물체가 생명체로 변했을 때, 착한 동물이 될지 무시무시한 괴물이 될지는 아무도 모른단다."

단층이가 깜짝 놀라 물었다.

"으악! 그럼 그 괴물한테 잡아먹힐 수도 있을까요?"

"그건 잘 모르겠는데, 일단 그 괴물도 가상 현실 속에서 만나는 거니까 괜찮을 거야."

지층이가 물었다.

"로비타로 여행하는 것처럼요?"

"그렇지."

단층이가 웃으면서 말했다.

"우하하하, 그럼 재미있겠다! 지난번에 라늄이 만났을 때랑 똑같잖아요. 그때도 참 재미있었는데."

"라늄이는 만들어 낸 영상이었지만, 이번 실험은 정말 실제 상황 같을 거다."

지층이가 박 박사를 재촉했다.

"하여간 재미있을 것 같아요. 빨리 시작해요, 박사님."

"그럼 실험을 시작하겠다! 오늘 실험에 쓸 재료는 바로 이거다!"
박 박사가 화석 하나를 가져왔다.
"미리 잘 봐 두렴. 이건 지구에서 가장 오래된 화석인 '스트로마톨라이트'라고 한단다."
지층이와 단층이는 가장 오래된 화석이라는 박 박사의 말에 두 눈이 동그래졌다.
박 박사가 설명을 이어 갔다.
"스트로마톨라이트는 시아노박테리아에 퇴적물이 달라붙어서 만들어진 화석으로, 층 모양의 줄무늬가 있단다. 시아노박테리아는 광합성을 해서 산소를 만들어 주는 생물이지. 스트로마톨라이트는 지구에서 가장 오래된 박테리아 화석이라고 할 수 있어."
단층이가 신기해하며 말했다.
"우아! 그럼 화석 중에 최고 할아버지네요."
"하하, 그렇단다. 그럼 문제를 하나 내 볼까? 지구 나이가 몇 살인지 어떻게 알아낼 수 있겠니?"
지층이가 고개를 갸웃거리며 말했다.
"음…… 가장 오래된 암석 나이를 알아내면 되지 않을까요?"
"오호, 대단한데? 그럼 가장 오래된 암석은 어디에 있을까?"
박 박사의 두 번째 질문은 더 어려웠다.
"음, 글쎄요. 잘 모르겠어요."
"그 암석은 우주에서 찾을 수 있지."
단층이가 깜짝 놀라며 물었다.

"네? 우주라고요?"

박 박사는 지구에 떨어진 우주 암석은 지구가 만들어졌을 때와 비슷한 시기에 만들어졌다고 설명해 주었다. 그 암석을 조사해 보면 지구 나이가 46억 년 정도 됐다는 사실을 알 수 있다고 한다.

단층이가 신기해하며 물었다.

"우아, 정말 알면 알수록 놀라운 것 같아요. 그런데 박사님, 가상 생명 실험은 언제 시작해요?"

"아아, 그렇지. 그래, 실험을 바로 시작하자."

박 박사는 허둥지둥하며 기계를 작동시켰다. 냉장고만 한 커다란 기계 가운데에 로비타를 끼웠더니 홀로그램 모니터가 나타났다. 박 박사는 터치스크린으로 된 홀로그램 모니터를 여기저기 눌러 가면서 기계를 작동시켰다.

"이런, 물이 다 떨어졌네? 애들아, 물 좀 가져올래? 기계에 좀 넣어야겠다."

지층이가 이상하다는 듯이 물었다.

"네? 기계에 물을 넣어요?"

"하하, 이건 사실 아주 오래전부터 연구해 온 기계거든. 이 기계는 증기 기관으로 움직인단다."

우여곡절 끝에 드디어 기계가 제대로 작동하기 시작했다. 로비타의 눈은 평소와 달리 노란색으로 변했다. 그리고 뭔가 알 수 없는 기계음이 자꾸 들려왔다.

박 박사가 진지한 목소리로 말했다.

"애들아, 이제 뇌파 감응 장치를 머리에 쓰렴. 이제 가상 현실 속에서 새로운 생명체를 만날 수 있을 거야."

지층이와 단층이는 지그시 눈을 감았다. 박 박사는 스트로마톨라이트를 가상 생명 부활 장치에 조심스럽게 넣었다.

"지잉지잉 칙칙칙칙."

얼마나 지났을까? 느낌은 로비타로 가상 현실 여행을 떠날 때와 똑같았다.

지층이가 주변을 두리번거리며 말했다.

"어휴, 여기가 어디야?"

"어? 형, 바다다!"

지층이와 단층이는 시원한 파란색으로 빛나는 아름다운 바닷가에 와 있었다.

단층이가 신나게 외쳤다.

"야호, 정말 아름다운 바다다!"

그런데 어디선가 똑같은 목소리가 들려왔다.

"야호, 정말 아름다운 바다다!"

지층이가 깜짝 놀라서 중얼거렸다.

"어? 메아리는 아닌데…… 뭐지?"

"너, 누구니?"

단층이가 허공에 대고 묻자 역시 똑같은 소리가 들려왔다.
"너, 누구니?"
단층이가 짜증을 내며 외쳤다.
"너 누구냐니까?"
파랗고 잔잔했던 바닷물이 갑자기 미친 듯이 요동치더니 커다란 물기둥이 불쑥 솟아올랐다. 절벽 바위도 갑자기 흔들리더니 90도로 우뚝 일어섰다.
"뭐가 그렇게 궁금한 거냐. 난 스트로마톨라이트다!"
지층이와 단층이는 너무 놀라서 도망가지도 못하고 제자리에 주저앉아 버렸다. 얼마나 무서웠는지 오줌이 찔끔 나올 정도였다.
지층이가 덜덜 떨리는 목소리로 물었다.
"네가 정말 스트로마톨라이트라고? 박 박사님이 말씀하신 지구에서 가장 오래된 화석?"
스트로마톨라이트는 마치 암석으로 된 절벽을 통째로 들어 올린 듯한 모습이었다. 바닷가에서 떼를 지어 사는 바퀴벌레처럼 생긴 갯강구들이 스트로마톨라이트의 어깨와 등을 타고 스멀스멀 기어 다니고 있었다. 지층이와 단층이는 입을 쩍 벌리고 그 모습을 바라보았다.
"나는 35억 년이 넘게 지구를 지켜보았다. 지구에서 어떤 일이 일어났는지, 또 어떻게 변했는지 말이다."
스트로마톨라이트는 진지하고 무서운 얼굴로 말을 이어 갔다.
"인간은 참 재미있는 동물이다. 지구 역사 중에서 인간이 살아 온 역사는 고작 몇백만 년에 지나지 않는다. 인간의 일생으로 치면 아직 태어나

지도 않은 태아나 다름없지."

"그게 무슨 말인지······."

지층이가 용기를 내어 물었지만, 돌아오는 대답은 호통뿐이었다.

"내가 무슨 말을 하는지 모르겠다는 거냐!"

단층이가 우물쭈물하며 대답했다.

"네, 너무 어려워서······."

"아주 보잘것없는 인간이라는 존재가 위대하고 신비로운 지구를 괴롭히고 있다는 뜻이다!"

스트로마톨라이트가 하늘이 찢어질 듯한 목소리로 외쳤다. 커다란 파도가 생기면서 주변에 있는 바닷물을 모두 날려 버릴 정도로 큰 목소리였다.

"인간들은 지금 무슨 짓을 하고 있는지 알아야 해. 지구는 커다란 하나의 생명체다. 인간들은 자기들이 지구의 주인이라도 되는 것처럼 자연을 마구 괴롭히고 있다는 사실을 깨달아야 한단 말이다!"

스트로마톨라이트의 분노는 점점 거세졌다. 계속 옆에 있다가는 큰일이 벌어질 것 같았다.

스트로마톨라이트가 우렁찬 목소리로 외쳤다.

"형제들이여, 모두 일어나라. 이제 자연의 힘으로 우리가 인간을 막아야 한다!"

말이 끝나자마자 주변에 있는 스트로마톨라이트가 모두 일어났다.

지층이가 급하게 외쳤다.

"단층아, 일단 도망가자!"

지층이와 단층이는 뒤도 돌아보지 않고 뛰었다.
"지구를 괴롭히는 인간은 모두 없어져야 해!"
"지구를 괴롭히는 인간은 모두 없어져야 해!"
마치 주문을 외듯 스트로마톨라이트들이 소리를 지르면서 하나로 뭉치기 시작했다. 처음에는 커다란 바위만 했던 스트로마톨라이트가 이제는 빌딩만큼 커졌다.
지층이와 단층이는 바닷가 옆에 있는 마을로 정신없이 도망쳤다. 그러고는 가장 높은 언덕 위에 있는 교회로 달려갔다.

지구를 괴롭히는 인간은

스트로마톨라이트는 이제 마을을 뒤덮을 정도로 커졌다.

"지구를 괴롭히는 인간은 모두 없어져야 해!"

지층이와 단층이는 교회 지붕까지 기어 올라갔다. 이제 더 이상 갈 곳이 없었다. 스트로마톨라이트는 아이들을 삼키려는 듯 입을 벌리고 커다랗게 솟구쳤다.

"잠깐!"

지층이가 떨리는 목소리로 외쳤다. 순간 스트로마톨라이트가 잠시 멈칫했다.

"인간이 지구를 괴롭힌다고 모조리 없애 버린다면 너희도 인간과 마찬가지로 생명을 파괴하는 게 되잖아. 인간이 없어지면 지구는 더 황폐해질지도 모른다고. 그러지 말고 다 같이 사이좋게 지내면 안 될까? 우리 아빠가 글을 써서 사람들한테 너희들의 뜻을 전할 수도 있어."

"글을…… 쓴다고?"

"그래. 너희들은 글이 없어서 잘 모르겠지만, 인간들은 글을 읽고 마음을 바꾸기도 한단 말이야. 우리 아빠가 지금 지구에 대한 글을 쓰고 있으니까 너희들이 하고 싶은 말을 대신 전해 줄 수 있을 거야."

지구에 사는 생명체들을 보호하겠다고 또 다른 생명체를 없앤다는 건 앞뒤가 맞지 않는다. 스트로마톨라이트도 마음속으로는 그 사실을 잘 알고 있었다.

"인간은……."

스트로마톨라이트가 작게 속삭이듯 말하더니 점점 크기가 줄어들었다. 아이스크림이 뜨거운 햇살에 녹아 흐르듯 점점 사라졌다.

"인간은…… 지구가 얼마나 소중한 곳인지 깨달아야 해……. 꼭 너희들의 아빠에게 전해 줘……. 지구의 아름다움과 소중함을…… 반드시 지켜 달라고……. 그러지 않으면 내가 다시 너희들을 찾아올 거야…… 반드시……."

스트로마톨라이트는 그렇게 사라졌다. 다시 바닷가로 돌아가서 바위가 되고 절벽이 되었다.

"후……."

지층이와 단층이는 그제야 마음을 놓았다. 단층이가 지층이의 손을 꼭 잡으며 말했다.

"형……. 나 너무 무서웠어."

"그래, 나도. 하지만 스트로마톨라이트와 약속한 건 꼭 지키도록 노력하자."

"맞아. 빨리 아빠한테 가서 스트로마톨라이트를 만난 얘기를 해 드려야 할 것 같아."

지층이가 단층이에게 꿀밤을 주며 말했다.

"이그, 바보. 이런 일을 다 얘기하면 비밀이 모두 밝혀지잖아. 우선 박박사님께 지금 있었던 일을 모두 알려 드리고, 아빠한테는 내용을 정리해서 말씀드리자. 아빠도 무척 좋아하실 거야."

오늘 하루는 무척이나 길게 느껴졌다. 하지만 아빠한테 알려 줄 내용이 많아서 기분이 좋았다. 지구를 살리는 데 큰 역할을 했다는 자부심도 가슴 한구석을 뜨겁게 만들었다.

암석 삼총사 – 퇴적암, 화성암, 변성암

　과학자들은 만들어지는 방법에 따라 암석을 세 종류로 나누어요. 가장 기본적인 암석은 '퇴적암'이에요. 퇴적물이 굳어서 만들어진 암석이지요.
　'화성암'은 화산 활동으로 생긴 뜨거운 마그마가 식어서 만들어진 암석이에요. 화성암 중에서도 마그마가 차가운 공기나 물을 만나서 급하게 굳어진 암석을 '화산암', 땅속 깊은 곳에서 마그마가 천천히 식으며 만들어진 암석을 '심성암'이라고 하지요.
　퇴적암도 아니고 화성암과도 조금 성질이 다른 암석이 있어요. 바로 퇴적암이나 화성암이 땅속에서 높은 온도나 압력을 받아서 성질이 변한 '변성암'이에요. 변성암은 주로 화산 활동이나 지진 활동으로 생긴 열과 압력을 받아 만들어집니다.

다양한 퇴적암들

　퇴적암에 속하는 암석은 굉장히 많아요. 그중에서도 암석을 이루는 알갱이 크기에 따라서 역암, 사암, 이암, 셰일 등으로 나누지요. '역암'은 알갱이 크기가 2mm 이상으로 퇴적암 중에서 알갱이가 가장 큰 암석이에요. '사암'은 알갱이 크기가 1/16mm~2mm인 암석이에요. 그것보다 작은 알갱이로 이루어진 퇴적암은 '이암'이라고 하는데 진흙이 굳어서 생긴 암석이에요. '셰일'이라는 퇴적암도 알갱이가 63㎛(마이크로미터)보다 작아요.
　이암과 셰일은 입자의 방향성으로 나눌 수 있어요. 셰일을 이루

역암

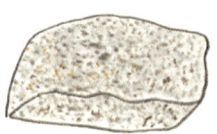
사암

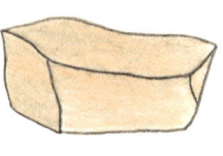
이암

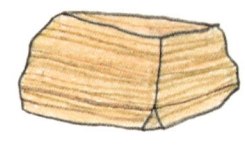
셰일

는 알갱이는 일정한 방향으로 배열되어 있어서 망치로 때리면 일정한 모양으로 부서져요. 하지만 이암은 알갱이가 불규칙해서 일정한 모양 없이 부서지지요. 탄산 칼슘이 모여서 만들어진 '석회암'이라는 퇴적암도 있어요. 석회암은 시멘트, 석회, 비료 등의 원료가 되지요.

현무암, 화강암, 대리암, 편마암

화산암을 대표하는 암석은 '현무암', 심성암을 대표하는 암석은 '화강암'이라고 할 수 있어요. 우리나라에서 현무암을 가장 많이 볼 수 있는 곳은 제주도예요. 바닷가의 모래에서부터 돌하르방에 이르기까지 모두 현무암으로 되어 있지요.

화강암은 석영, 운모, 장석 같은 광물들이 뭉쳐져서 만들어져요. 입자가 굵고 색깔이 다양해서 바닥재로도 많이 쓰이지요. 바닥재로 쓰이는 또 다른 암석은 '대리암'이에요. 대리석이라고 부르기도 하는데, 석회암이 오랜 시간 동안 열과 압력을 받아 변한 변성암이지요. '편마암'도 변성암 가운데 하나로, 이암과 사암 같은 암석이 열과 압력을 받아 성질이 변한 암석이에요. 편마암은 주로 어두운색과 밝은색이 번갈아 나타나서 띠 모양을 볼 수 있답니다.

현무암

화강암

대리암

편마암

스트로마톨라이트의 천국, 소청도

스트로마톨라이트는 화석이 거의 발견되지 않는 선캄브리아 시대(46억 년 전~5억 4100만 년 전)에서 유일하게 볼 수 있는 화석입니다. 오스트레일리아 북서부에 있는 지방 필바라에서는 35억 년 전에 만들어진 스트로마톨라이트가 발견되기도 했고, 서부의 샤크만에서는 아직도 스트로마톨라이트가 만들어지고 있어요. 우리나라에서도 스트로마톨라이트를 볼 수 있다는 사실을 알고 있나요? 인천광역시 옹진군에 속한 소청도에 가면 천연기념물 제508호로 지정된 이 오래된 화석을 볼 수 있답니다.

샤크만에 있는 스트로마톨라이트

어디에 있을까?

소청도는 인천항에서 북서쪽으로 약 220km 떨어져 있어요. 인천항 연안 여객 터미널에서 배를 타고 소청도로 갈 수 있지요.

무엇이 있을까?

46억 년 전, 지구가 처음 생겨났을 때에는 생물이라고는 찾아볼 수 없는 삭막한 땅덩어리였다고 해요. 지금으로부터 20억 년쯤 전, 바다에서 '시아노박테리아'라는 생물들이 나타나 바다 밑바닥에 초록색 양탄자를 깔면서 산소를 뿜어내기 시작했지요. 시아노박테리아 덕분에 지구에 산소가 생겨나면서, 지금처럼 다양한 생명으로 가득한 아름다운 푸른 지구가 될 수 있었답니다.

소청도에 가면 산소를 뿜어내던 스트로마톨라이트를 만날 수 있어요. 스트로마톨라이트는 시아노박테리아에 퇴적물이 달라붙어서 만들어진 암석이지요. 소청도 남동쪽 해안을 따라가면 '분바위'라는 거대한 대리암이 나와요. 마치 분필을 칠해 놓은 것 같다고 해서 분바위라고 하는데, 석회암이 변해서 만들어진 변성암이지요. 이 분바위를 돌아서 들어가면 스트로마톨라이트가 보입니다. 스트로마톨라이트 안에 있는 박테리아 화석은 약 6~10억 년 전에 만들어졌어요. 우리나라에서 가장 오래된 화석으로 알려져 있지요.

스트로마톨라이트는 마치 굴 껍데기를 갈아 놓은 것처럼 보이기도 하고, 오래된 소나무 껍질처럼 보이기도 합니다. 한민족을 상징하는 소나무 무늬처럼 생겼다고 해서 일본이 우리나라를 점령했을 때, 이곳에 있는 스트로마톨라이트를 많이 훼손하기도 했어요. 당시에는 화석의 가치보다는 대리암이라는 점과 특이한 무늬 때문에 스트로마톨라이트를 가공해서 장식에 쓰기도 했답니다.

소청도의 스트로마톨라이트

6장 땅끝 마을로의 가족 여행

"지층아, 가방은 다 챙겼지? 단층이는 여행 지도 꼭 챙겨라!"

아침부터 고 작가 가족이 바쁘게 움직이고 있었다. 생생한 원고를 쓰기 위해서 땅끝 마을인 해남으로 떠난다고 이렇게들 난리였다.

지층이가 자신 있는 목소리로 말했다.

"아빠는 노트북만 빠뜨리지 마세요. 나머지는 우리가 다 알아서 챙길게요."

단층이도 말했다.

"형도 걱정하지 마. 이 든든한 동생님이 있잖아."

"으이그, 네가 그 말만 안 해도 좀 안심이 되겠다."

사실 지층이와 단층이는 아직 그렇게 먼 곳까지 여행을 간 적이 없었다. 아니, 작년에 엄마가 돌아가시고 난 뒤에는 어디에 가 본 적이 없었다. 왠지 여행을 떠나면 엄마만 두고 가는 것 같아서 아무도 여행을 가자고 한 적이 없었다. 고 작가는 아이들의 이런 마음을 누구보다 잘 알기에 일을 핑계 삼아 여행을 계획했다.

단층이가 집을 나서며 물었다.

"아빠, 해남까지는 얼마나 멀어요? 땅끝이면 오늘 안에 도착 못 하는 거예요?"

"하하, 아무리 멀어도 오늘 안에는 꼭 가야지. 아마 다섯 시간 정도 걸릴 거다."

"으악, 다섯 시간이나요? 어휴, 그럼 난 가다가 잠이나 자야지."

사실 시간이 얼마나 걸리든 상관없었다. 아이들은 그저 아빠와 함께 떠나는 여행이 즐거울 뿐이었다.

차창 밖으로 지나가는 풍경은 모두 지층이와 단층이의 일기장에 들어갈 좋은 재료가 되었다. 두 시간이 넘게 달렸을까? 고 작가는 변산반도를 거쳐 해남으로 가기로 했다. 변산반도는 풍경이 워낙 아름다울 뿐만 아니라, 다양한 지질 구조도 직접 볼 수 있는 곳이기 때문이었다.

지층이와 단층이가 한꺼번에 외쳤다.

"우아, 바다다!"

고 작가가 넓게 펼쳐진 바다를 보며 말했다.

"여기가 변산반도의 채석강이란다. 원래 채석강은 중국에 있는 곳인데, 그곳과 경치가 비슷하다고 해서 붙인 이름이지."

지층이가 말했다.

"변산반도에는 붉은색 바위와 절벽으로 이루어진 적벽강도 있대요. 중국에 있는 적벽강만큼 경치가 뛰어나서 그렇게 이름 붙였다면서요?"

"오호, 우리 아들 대단한데?"

단층이가 눈을 동그랗게 뜨고 물었다.

"형, 그런데 왜 절벽이 붉은색이야?"

고 작가가 자신 있는 목소리로 말했다.

"이곳에 있는 암석이 대부분 붉은색 화강암이기 때문이란다."

지층이와 단층이는 '오호, 대단한데.'라는 말이 자기도 모르게 튀어나올 뻔했다.

지층이가 익살스럽게 말했다.

"우아, 우리 고 작가님. 지질학자가 다 되셨네요! 근데 아빠, 바닷가에 모래가 아니라 자갈이 많아요. 그것도 너무 예뻐요."

"그래. 바닷물이 자갈을 굴려서 다양한 모양으로 빚은 거지."

단층이가 말했다.

"그럼 누가 가장 예쁜 돌을 찾는지 내기해요!"

고 작가는 잠시 바닷가에 차를 세웠다. 그러고는 아이들을 바라보며 신나게 외쳤다.
"자, 그럼 시작!"

고 작가와 아이들은 눈을 동그랗게 뜨고 세상에서 가장 예쁜 돌을 찾기 시작했다. 땅에 떨어진 보석이라도 찾는 것처럼 셋 다 바닷가에서 눈을 떼지 못했다.

지층이가 단층이가 집어 든 돌을 보고 말했다.

"하하, 그게 뭐가 예쁘냐? 내가 고른 돌 정도는 돼야지."

"형이 고른 돌은 새똥같이 생겼는데, 뭐."

"뭐? 새똥? 네 돌은 염소 똥이다. 으이그, 뭐 눈에는 뭐만 보인다더니 네 수준이 그렇지. 그러니까 만날 엄마 속만 썩이고……."

'엄마'라는 말에 단층이의 얼굴이 순식간에 굳어졌다. 눈에는 닭똥 같은 눈물이 그렁거렸다.

"형은 뭐, 엄마한테 잘했냐? 엄마가…… 으앙!"

1년 넘게 참아 왔던 단층이의 눈물이 한꺼번에 쏟아졌다. 조용한 채석강 바닷가에 엄마 잃은 서러운 울음소리가 울려 퍼졌다.

고 작가와 아이들은 다시 해남으로 가기 위해 자동차 쪽으로 터벅터벅 걸어갔다.

단층이가 슬픈 목소리로 물었다.

"아빠, 엄마는 하늘나라에서 행복할까요?"

"그…… 그럼. 그렇고말고. 엄마는 하늘나라에서 행복하게 지내면서 너희들을 늘 지켜보고 있을 거야. 엄마가 너무 편안해서 뚱뚱보가 되었으면 어쩌지?"

고 작가의 농담은 유치했지만 그래도 지층이와 단층이는 기분이 조금

나아졌다.

"짜잔! 너희들 아까 내기한 것 잊지 않았지? 아빠가 찾은 돌은 바로 요거다!"

고 작가가 검고 매끈한 돌을 하나 보여 주었다. 작고 귀엽고 반짝반짝 빛나는 돌이었다.

지층이가 흰색 줄이 그어진 검은색 돌을 내밀며 말했다.

"에이, 그 정도는 아무것도 아니에요. 제가 고른 돌 정도는 돼야지요. 흰 줄무늬가 너무 예쁘지 않아요?"

"히히, 형. 내 것도 좀 봐 줘라. 난 정말 특이한 돌을 찾았다고!"

단층이가 꺼낸 돌은 짙은 색깔에 노란색 조각이 수없이 박힌 아주 특이한 암석이었다.

"오, 정말 특이한데? 돌에 노란 가루를 뿌려 놓은 것 같아."

지층이와 고 작가가 단층이가 고른 돌을 신기하게 쳐다봤다.

"아, 형! 우리 이게 어떤 암석인지 박 박사님께 여쭤 볼까? 아니면 로비타로 가상 현실 지질 여행을…… 읍!"

지층이가 단층이 입을 재빨리 막았다.

"단층아, 너 도대체 뭐…… 뭐라는 거야? 애가 요즘 자꾸 이상한 말을 하네……."

하마터면 로비타의 존재를 고 작가에게 들킬 뻔했다. 지층이가 다시 재빨리 둘러대기 시작했다.

"언덕에 사시는 박 박사님 있잖아요? 그분이 박사님이니까 그런 것도 잘 알겠다는 뜻이지요, 뭐. 그럼 박사님께 한번 전화해 볼까? 아빠, 휴대 전화 좀 주세요."

지층이는 어색하게 웃으며 박 박사에게 전화를 걸었다.

"바…… 박사님, 저 지층이인데요. 박사님이 만드신 컴퓨터 로비타 말이에요. 인터넷도 되고 백과사전 기능도 있다고 하셨지요? 우리가 변산반도에서 돌을 하나 주웠는데요. 돌 안에 작은 조각들이 굉장히 많아요. 혹시 이런 암석 아세요?"

갑자기 전화를 받은 박 박사는 순간 당황하긴 했지만, 고 작가가 옆에 있어서 그렇다는 사실을 금방 눈치챘다. 지층이가 전화를 끊은 지 10분 정도 지나서 다시 전화벨이 울렸다.

"아, 네. 알아내셨어요? 용암하고 퇴적물요? 우아, 그래요? 알겠습니다! 고맙습니다."

지층이의 얼굴이 밝아졌다.

"단층이가 찾은 돌은 '페퍼라이트'라는 암석인데, 용암하고 퇴적물이 뒤엉켜서 생긴 거래요. 후춧가루를 뿌려 놓은 것처럼 생겼다고 해서 이름이 페퍼라이트래요."

고 작가가 웃으며 말했다.

"하하, 정말 희한한 암석이구나."

"그러게요. 이런 암석은 세계적으로도 보기 어렵다고 해요."

뜻밖의 수확이었다. 이렇게 해서 예쁜 암석 고르기 시합에서는 단층이가 1등을 했다. 고 작가와 아이들은 다시 차를 타고 땅끝 마을 해남으로 달렸다. 해는 어느새 기울어 가고 있었다.

단층이는 해남 지질 여행에 나서기 위해 아침 일찍 일어나 준비를 했다. 그런데 고 작가는 아직도 한밤중이었다. 어제 온종일 운전을 하느라 몸이 지칠 대로 지친 것이다.

"아빠, 일어나요! 공룡 보러 가야죠!"

단층이는 고 작가를 흔들어 대다가 그만 손가락으로 콧구멍을 찌르고 말았다. 비몽사몽 고 작가의 코에서 코피가 흘러나왔다.

"어…… 어? 코…… 코피? 으악, 코피다!"

고 작가는 눈을 번쩍 떴다. 그것도 쌍코피였다. 그렇게 해남에서 맞는 첫 아침이 시작됐다.

고 작가와 아이들이 가장 먼저 간 곳은 해남 우항리에 있는 해남 공룡 박물관이었다. 대부분 박물관을 먼저 지은 뒤 화석이나 암석을 전시하는데, 해남 공룡 박물관은 발자국 화석이 있는 곳 위에 그대로 커다란 지붕을 덮었다.

"해남 우항리는 살아 있는 자연 학습장입니다. 공룡 발자국 화석은 물론 국내 최초의 익룡 발자국 화석, 물갈퀴 달린 새 발자국 화석 등 다양한 화석들을 보실 수 있습니다. 저로 말씀드리자면……."

몇 가닥 남지 않은 머리카락을 휘날리는 박물관 안내원의 설명을 통해 고 작가 가족은 화석에 대해 잘 배울 수 있었다. 특히 뚜렷하게 찍힌 공룡 발자국 화석을 보니, 거대한 공룡이 발자국을 남기며 지나가는 모습이 눈앞에 생생하게 떠올랐다.

지층이가 공룡 발자국 화석을 가리키며 단층이에게 말했다.

"우아, 저것 봐. 저 공룡 발자국에 우리 둘 다 들어가도 남겠어."

"으, 공룡 발에 밟히면 끝장이겠네."

고 작가가 말했다.

"하하, 그건 걱정할 필요가 없단다. 사람과 공룡은 다른 시대에 살았기 때문에 만날 일이 없지. 특히 우리가 직접 공룡을 만날 일은 절대로 없을 거야."

"에이, 로비타만 있으면 언제든지 만날 수…… 흡."

지층이가 얼른 단층이 입을 틀어막았다. 지층이는 간이 콩알만 해졌다. 이러다가는 고 작가에게 언제 들킬지 몰랐다.

"얘가 오늘도 이상한 소리를 하네. 아빠, 아무래도 단층이가 좀 아픈가 봐요."

"허허, 그 로비타라는 컴퓨터가 정말 대단한가 보지? 아빠도 한번 가서 봐야겠는데?"

지층이와 단층이는 가슴이 뜨끔했다. 고 작가가 고개를 갸웃거리며 물었다.

"그 컴퓨터로 아빠 원고를 대신 쓸 수는 없을까?"

"아하하하, 어떻게 그러겠어요?"

지층이와 단층이는 어색한 웃음만 지었다. 지층이가 고 작가의 관심을 얼른 다른 곳으로 돌렸다.

"어? 아빠, 우리 저기도 한번 가 봐요."

그때, 어색함을 숨기기 위해 분주하게 뛰던 단층이가 그만 계단 아래로 굴러떨어져 버렸다.

"으악!"

"단층아!"

계단 아래에는 새 발자국 화석이 놓여 있었는데, 단층이는 그 아래까지 굴러떨어지고 말았다. 다행히 계단이 많지 않아서 심하게 다치지는 않은 것 같았다.

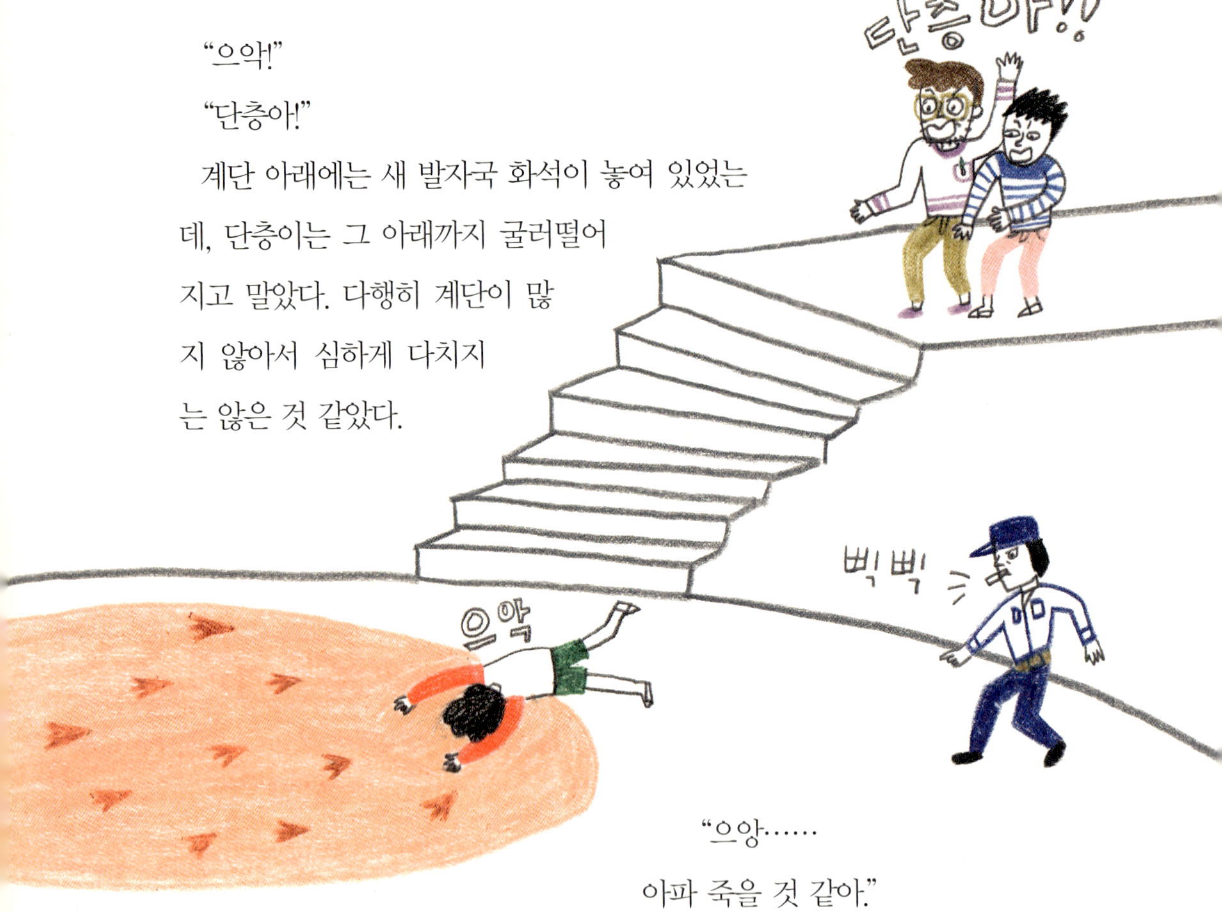

"으앙……

아파 죽을 것 같아."

단층이가 얼굴을 잔뜩 찌푸리며 이마를 문질렀다. 굴러떨어지면서 이마를 화석에 부딪친 것 같았다.

"삑삑!"

관리원 아저씨가 부는 호루라기 소리가 전시장에 울려 퍼졌다.

"전시장을 둘러볼 때는 절대 장난하거나 뛰어서는 안 된다. 지금부터라

도 아빠 손을 꼭 잡고 다니렴!"

단층이는 관리원의 따끔한 꾸지람보다 많은 사람들 앞에서 넘어졌다는 사실이 더 창피했다.

지층이가 단층이의 이마를 보며 물었다.

"어? 단층아, 이마에 그게 뭐냐?"

고 작가도 단층이의 이마를 유심히 쳐다보다 웃음을 터뜨렸다.

"우하하하! 새 발자국이 찍혔는데?"

관리원 아저씨까지 덩달아 웃기 시작했다. 굴러떨어지면서 발자국 화석에 이마를 찍혀 자국이 생긴 것이다.

관리원 아저씨가 말했다.

"이 화석은 8300만 년이나 된, 물갈퀴 달린 새 발자국 화석이란다. 네가 아마 세계 최초로 이마에 화석이 찍힌 사람일 거다."

그 말을 듣고 모두가 웃음을 터뜨렸다. 콧방귀를 뀐 사람은 세계 최초로 이마에 발자국 화석을 찍은 단층이뿐이었다.

지층이가 박물관을 나서며 고 작가에게 말했다.

"오늘은 정말 아빠한테 좋은 날이었던 것 같아요. 오늘 보고 들은 내용을 원고에 재미있게 쓰면 좋겠어요."

고 작가는 흐뭇하게 웃으며 고개를 끄덕였다.

고 작가 가족은 그렇게 해남을 뒤로하고 집으로 향했다. 지층이와 단층이가 차창 밖으로 보고 있는 서쪽 밤하늘에 별 하나가 유난히 밝게 빛나고 있었다. 마치 인자하게 미소 짓는 엄마 얼굴 같았다.

고 작가의 지질 노트

매머드와 미라도 화석일까?

암석이나 지층 속에 오래전에 살았던 생물의 몸이나 흔적이 남아 있는 것을 '화석'이라고 해요. 박물관에 있는 삼엽충 화석이나 암모나이트 화석을 떠올려 보세요. 그 화석들은 어떻게 만들어졌을까요? 바다에 살던 삼엽충이 죽은 뒤 그 위로 퇴적물이 가득 쌓여요. 시간이 흐르면서 퇴적물은 지층이 되고, 삼엽충은 지층 속에서 화석이 되지요. 삼엽충의 몸은 온데간데없어졌지만 원래 형체를 간직하고 있는 화석이 남아 있어서 살아 있을 때의 모습을 알 수 있어요.

그럼 극지방에서 발견된 매머드(약 480만 년 전부터 4000년 전까지 살았던 긴 코와 긴 어금니를 가진 포유류)의 뼈도 화석이라고 할 수 있을까요? 화석은 지질 시대에 살았던 생물의 흔적을 말하기 때문에, 화석이라고 할 수 있어요. 지구가 탄생한 이후부터 사람이 처음 나타난 1만 년 전을 '지질 시대'라고 하지요. 그럼 미라는요? 현재 발견되는 미라는 대부분 역사 시대의 것으로 화석이라고 볼 수 없답니다. 문자로 쓰인 기록이나 문헌이 있는 시대를 '역사 시대'라고 해요.

몰드와 캐스트

화석은 어떻게 만들어졌느냐에 따라 여러 종류로 나뉘어요. 생물이 지층 속에 묻힌 다음, 생물은 사라지고 그 생물이 있던 자국만 남아서 생긴 화석은 '몰드'라고 해요. 예를 들어, 시멘트가 마르기 전에 발로 쿡 밟아서 움푹 들어간 자국이 몰드이지요. 이렇게 생물의 생활 흔적이 보존되어 생물이 살았던 모습을 보여 주는 화석을 '흔적 화석'이라고 해요. 시화호에 있는 공룡알 화석도 흔적 화석이라고 할 수 있지요.

'캐스트'는 자국만 남은 몰드에 다른 퇴적물이 채워져 알맹이를 만들어 낸 화석이에요. 이렇게 화석은 생물의 원래 성분이 다른 물질로 변하며 만들어지기도 한답니다.

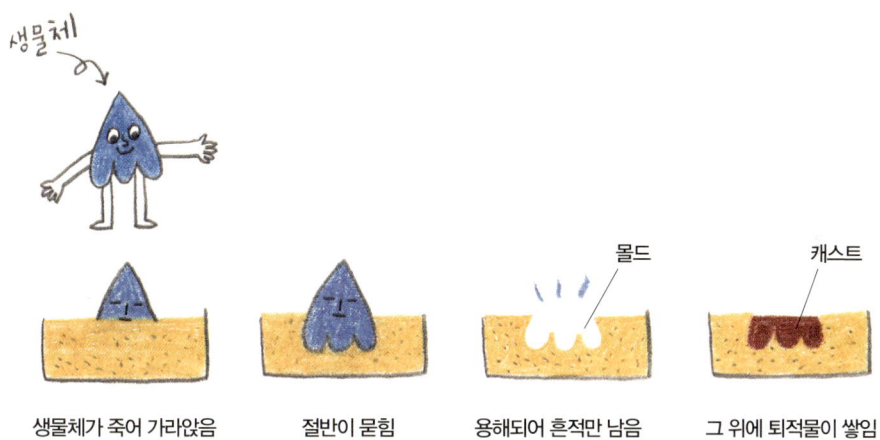

| 생물체가 죽어 가라앉음 | 절반이 묻힘 | 용해되어 흔적만 남음 | 그 위에 퇴적물이 쌓임 |

화석은 지질 시대의 정보통

화석을 발견하면 화석이 묻혀 있던 지층이 어느 시대의 것인지 알 수 있어요. 생물마다 살았던 시기가 다르니까요. 특히 특정한 시대에만 살았던 생물의 화석을 '표준 화석'이라고 해요. 지금까지 발견된 것 중 가장 오래된 화석은 선캄브리아 시대 지층에서 발견된 스트로마톨라이트예요. 하지만 스트로마톨라이트는 아직도 만들어지기 때문에 표준 화석이라고는 할 수 없지요.

그 밖에도 화석은 우리에게 다양한 정보를 알려 주어요. 화석을 보면 화석이 발견된 곳이 옛날에 바다였는지 땅이었는지, 그리고 주변에 어떤 생물이 같이 살았는지도 알 수 있지요. 화석이 된 생물에 대한 많은 정보도 알 수 있어요. 공룡 발자국 화석을 보고 육식 공룡인지 초식 공룡인지 알아내고, 발자국 간격을 보고 얼마나 빨리 걸었는지 짐작할 수 있는 것처럼요.

고 작가의 지질 노트

움직이는 화석

지질 시대부터 지금까지 멸종하지 않고 살아온 끈질긴 동물들이 있어요. 가장 흔하게 볼 수 있는 동물은 바로 바퀴! 바퀴는 징그럽게 생명력이 강한 벌레이지요. 가로수로 많이 쓰이는 은행나무 역시 살아 있는 화석이에요. 바퀴나 은행나무 화석은 우리나라에서도 발견되었답니다. 산호나 상어, 고생대 데본기에 살았던 물고기 실러캔스 등은 대표적인 살아 있는 바다 생물 화석이에요.

가짜 화석, 진짜 화석

과학자들은 동료를 조롱하기 위해, 장사꾼은 돈을 벌기 위해 가짜 화석을 만들어 낸 경우도 있어요. 18세기에 살았던 독일 의사 요한 베링거는 도시 근처의 아이벨스타트산에서 화석 2000여 점을 발견했어요. 그 화석들은 매우 신기한 모습을 하고 있었어요. 화석에는 사람 얼굴 모양을 한 태양, 도마뱀, 긴 꼬리가 있는 혜성 등이 찍혀 있었지요. 베링거는 자신이 발견한 것들이 진짜 화석이라고 믿고, 《뷔르츠부르크의 석판 화석》이라는 책까지 썼어요. 하지만 알고 보니 베링거가 발견했던 화석들은 동료 교수들이 베링거를 조롱하려고 땅속에 묻어 둔 가짜 화석이었지요. 책을 출간한 지 얼마 지나지 않아 또다시 발견한 화석에는 자신의 이름이 새겨져 있었다니 얼마나 황당했을까요?

영국의 필트다운은 1908년부터 1912년까지 인류 기원을 알려 주는 화석이 많이 발굴되던 곳이었어요. 하지만 40년이 지난 뒤, 필트다운에서 발견된 화석은 사람 머리뼈에 유인원(침팬지, 고릴라 등 사람과 비슷하게 생긴 동물)의 턱을 끼워 넣은 가짜라는 사실이 밝혀졌지요. 영국 지질학자 찰스 도슨이 범인이라는 주장도 있지만,

확실한 범인은 아직까지도 밝혀지지 않았어요. 이 사건은 과학 역사상 최대의 사기극으로 꼽히고 있답니다.

  1997년 중국에서는 한 농부가 신기한 공룡 화석을 발견했어요. '아르케오랍토르랴오닝엔시스'라고 이름 붙인 그 화석은 주둥이와 몸통은 새의 모습을 하고, 꼬리는 육식 공룡처럼 생겼었지요. 이 화석은 공룡이 진화해서 새가 되었다는 주장을 뒷받침하는 결정적인 증거가 돼 주었어요. 미국의 유명 잡지 '내셔널지오그래픽'은 8만 달러를 주고 이 화석 사진을 실었지요. 하지만 이 모든 일은 농부들이 돈을 벌려고 꾸며 낸 연극이었답니다.

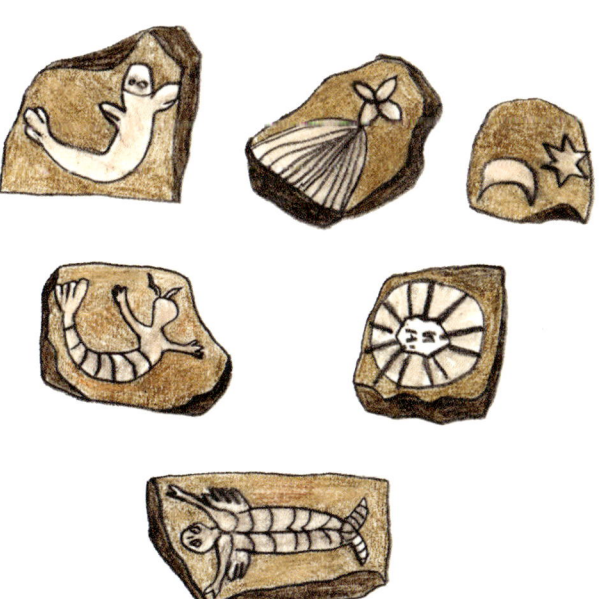

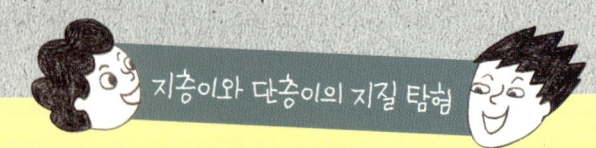

땅끝에 남은 공룡의 흔적, 해남 우항리

땅끝 마을로 유명한 전라남도 해남 우항리에 가면 공룡 발자국 화석뿐만 아니라, 세계에서 가장 큰 익룡 발자국 화석, 물갈퀴 달린 새 발자국 화석까지 대단한 가치가 있는 흔적 화석들을 많이 볼 수 있어요. 이 화석들은 기나긴 지구 역사의 비밀을 알려 주는 중요한 단서가 된답니다.

어디에 있을까?

우항리 공룡 화석 산지는 전라남도 해남에서 진도로 가는 도로를 따라 황산면으로 가면 찾을 수 있습니다. 공룡이나 익룡 발자국 화석은 커다란 보호각 안에 보존되어 있지요. 이곳은 천연기념물 제394호로 지정해 보호하고 있답니다.

무엇이 있을까?

공룡 화석 산지에 가면 세계적으로도 유명한 공룡 발자국 화석들을 잔뜩 볼 수 있어요. 우선 그곳에 들어가기 전에 주변 절벽부터 살펴볼까요? 퇴적암들이 쌓여 만들어진 층리가 뚜렷하게 보여요. 그중에서도 지층이 끊어져 만들어진 단층의 모습을 뚜렷하게 관찰할 수 있지요.

1990년에 발견된 우항리 새 발자국 화석은 다른 새 발자국 화석들과 달리 발에 물갈퀴를 가지고 있어요. 약 8300만 년 전에 만들어진 것으로 밝혀져, 한때는 세계에서 가장 오래된 물갈퀴새 발자국 화석으로 알려졌지요. 그러나 이후에 경상남도 사천시에서 약 1억 2000만 년 전에 만들어진 것으로 보이는 물갈퀴 달린 새 발자국 화석이 발견되었지요.

우항리에서는 익룡 발자국 화석도 볼 수 있어요. 익룡은 중생대에 살았던 하늘을

나는 파충류예요. 해남 공룡 박물관에서도 익룡 발자국 화석을 볼 수 있어요. 화석 크기가 20~35cm 정도 되는데, 자세히 살펴보면 익룡의 앞발과 뒷발을 구분할 수 있어요. 익룡이 어떻게 걸었는지 알 수 있는 중요한 증거가 되지요.

익룡

크기가 75cm나 되는 용각류 발자국 화석도 빼놓을 수 없어요. 용각류는 중생대 쥐라기에서 백악기에 번성한 공룡 무리예요. 그 화석을 보면 이곳에 살았던 공룡은 적어도 7m가 넘는 커다란 크기였다는 사실을 알 수 있지요.

공룡 발자국 화석

익룡 발자국 화석

공룡이 살았던 시대에 우항리는 호수였어요. 아주 고운 물질이 호수 가장자리에 쌓이고 있었는데, 그 퇴적물이 굳기도 전에 화산 물질이 이곳을 뒤덮었어요. 무거운 화산 물질이 퇴적물을 누르면서 아래에 있던 고운 물질이 틈새로 삐져 올라왔어요. 그래서 지층이 마치 불꽃이 피어난 것 같은 모습을 이루어 '불꽃 구조'라고 부르지요. 우항리에서 볼 수 있는 불꽃 구조는 세계적으로도 가장 뚜렷한 모습을 하고 있어서 좋은 연구 대상이 되고 있답니다.

7장 로비타의 친구들

"고생대, 고생대라……. 고생대란 5억 4100만 년 전부터 2억 5100만 년 전까지의 시대로 캄브리아기, 오르도비스기, 실루리아기, 데본기, 석탄기, 페름기로 나뉜다……."

뜨거운 햇볕이 강하게 내리쬐는 어느 날. 고 작가는 원고를 쓰느라 여전히 진땀을 흘리고 있었다. 그래도 어느새 반 이상이나 원고가 완성되어 점점 속도가 붙어 갔다. 잘 나가다가도 어느 순간에 삐걱거렸지만 말이다.

"으, 이놈의 원고는 잘되다가 안되다가 아주 변덕쟁이란 말이야. 5억 년 전에 살았던 생물들을 어떻게 글 속에 생생하게 표현할 수 있지? 고생대에 직접 가 보지도 못했는데 말이야……."

고 작가는 원고를 쓰는 동안 혼자서 중얼거리는 버릇이 생겼다. 벽을 보고 혼자 말하기도 하고 거울과 대화를 나누기도 했다. 가장 흔히 하는 동작은 미간을 찌푸린 채 눈을 하늘로 치켜뜨고, 뭔가 곰곰이 생각하는 것이었다.

고 작가는 또다시 혼자 중얼거렸다.

"고생대는 딱딱한 척추뼈가 없는 동물이 많이 살았던 시기로, 이런 동물들을 '무척추동물'이라고 한다. 무척추동물 중에서 가장 대표적인 동물은 삼엽충이다……."

지금 고 작가의 머릿속은 고생물들로 가득 차 있었다. 삼엽충들이 책상에서 스멀스멀 기어 다니고 있는 것 같았다.

"어휴, 무슨 다큐멘터리도 아니고 글이 너무 재미가 없네……. 머리도 식힐 겸 산책이나 가 볼까?"

집을 나온 고 작가는 집 뒤에 있는 언덕을 오르기 시작했다.

"고생대라 고생대……. 삼엽충과 또……."

고 작가가 박 박사의 집을 지나칠 때였다. 뭔가 이상한 강한 빛이 박 박사의 집에서 새어 나오고 있었다.

"어, 저게 뭐지?"

고 작가는 자연스럽게 박 박사의 집으로 발걸음을 돌렸다.

"여기가 그 박 박사라는 사람의 연구실인가 보지?"

고 작가는 문을 살며시 열고 박 박사의 연구실로 들어갔다. 연구실에는 로비타만 홀로 남아 충전을 하고 있었다. 밖으로 새 나오던 빛은 바로 로비타가 충전하면서 내는 빛이었다.

고 작가가 로비타를 들여다보며 중얼거렸다.

"이게 뭐지? 로봇인가?"

로비타의 옆구리 쪽에 '로비타'라고 이름이 쓰여 있었다.

"로비타? 많이 들어 본 단어인데. 로비타, 로비타……. 아! 비타! 비타민의 비타!"

고 작가는 무엇에 홀린 듯이 로비타를 보며 혼자 웃기도 하고 중얼거리기도 했다.

"아, 이게 단층이 녀석이 해남에서 말했던 컴퓨터인가 보네. 그런데 컴퓨터가 뭐 이렇게 생겼지?"

고 작가는 무심결에 로비타의 더듬이를 만졌다. 그러자 위이잉 소리를 내면서 로비타가 움직이기 시작했다.

"어? 어…… 어? 으아악!!"

"여…… 여기가 어디지?"

정신을 차려 보니 고 작가는 동굴 같은 곳에 와 있었다. 잠시 빛이 번쩍했을 뿐인데, 박 박사의 연구실이 아니라 다른 곳에 와 있다는 사실을 알 수 있었다.

고 작가가 주위를 둘러보며 소리쳤다.

"누구 없나요!"

"누구 있지요요요요"

처음에는 자신의 목소리가 메아리로 들려오는 것 같았으나, 뭔가 이상했다. 틀림없이 다른 누군가가 고 작가의 목소리를 흉내 내고 있었다. 목소리가 또다시 들려왔다.

"그 누구가 바로 나예요요요. 엽충이!"

무엇인가가 고 작가 앞으로 갑자기 튀어나왔다. 고 작가는 너무 놀라서 기절하기 직전이었다.

"너…… 넌 누구냐?"

"하하, 놀라시긴. 저는 엽충이라고 해요. 로비타는 가상 현실 로봇이고, 저는 로비타의 가상 현실 아바타이지요."

고 작가가 어리둥절한 얼굴로 물었다.

"아바타라고? 그럼 로비타가 컴퓨터가 아니란 말이야?"

"하여간 고생대 생물에 대해 알고 싶으신 거죠? 그럼 저를 잘 따라오세요."

낯선 환경에 처한 고 작가는 엽충이의 말을 따르는 것 말고는 할 수 있는 일이 없었다.

"고생대가 여러 시기로 나뉜다는 사실은 알고 있죠? 그중에서 가장 오래된 시기는 캄브리아기예요. 지금으로부터 약 5억 4100만 년 전이지요. 그 시기의 가장 대표적인 동물은……."

엽충이가 잠시 말을 멈추었다. 그러더니 고 작가를 물끄러미 바라보며 씩 웃었다.

"바로…… 저예요!"

 그 말이 끝나자마자 동굴 한쪽 벽이 열리면서 수많은 삼엽충들이 나타났다. 마치 오스트레일리아 크리스마스섬에 사는 붉은 게 떼처럼 삼엽충들이 바글바글 모여 있었다.
 "으악!"

고 작가는 자기도 모르게 소리를 지르고 말았다.

"어? 아저씨, 그러면 안 되는데……."

삼엽충들이 갑자기 고 작가를 향해 한꺼번에 달려들었다. 고 작가는 생각할 사이도 없이 도망치기 시작했다.

"사람 살려!"

얼마나 달렸을까? 고 작가는 이제 숨이 가빠서 더 이상 뛰지도 못할 지경이었다.

엽충이가 언제 따라왔는지 옆에서 고 작가를 지켜보며 말했다.

"한걸음에 오르도비스기까지 달려오셨네요. 오르도비스기는 지금으로부터 약 4억 8800만 년 전이고요. 부유 생물인 필석이 그 시기에 살았던 대표 생물이랍니다. 물의 흐름에 따라 떠다니는 생물을 부유 생물이라고 해요."

"헉헉…… 필석? 무슨 돌 이름 같다."

"필석은 혼자 움직이지 못해요. 모습은 지금의 해파리와 비슷하다고 해야 할까요? 필석은 물 위에 떠다니면서 물이 흘러가는 대로 돌아다니지요."

고 작가는 엽충이를 따라다니며 설명을 찬찬히 들었다. 마치 박물관에서 안내원의 설명을 들으며 따라다니는 초등학생 같았다. 고 작가는 엽충이의 말을 굳이 받아 적거나 녹음하지 않았다. 그럴 필요가 없었던 것이다.

고 작가가 즐거운 목소리로 말했다.

"히히, 학교 다닐 때 선생님들이 이렇게 설명해 주었으면 지금까지 절대로 안 잊어버렸을 텐데. 네 설명이 너무 재미있어서 머리에 쏙쏙 들어온다."

엽충이도 고 작가의 말에 신나서 설명을 계속했다.

"이쪽으로 오세요. 산호와 완족류들을 많이 볼 수 있어요. 산호는 잘 아시죠? 바다에 사는 자포동물이에요. 물에 사는 촉수를 가진 다세포 동물을 자포동물이라고 하지요. 산호초는 산호의 분비물로 만들어진 퇴적물이에요. 완족류는 등과 배 양쪽에 껍데기를 두 개 가지고 있는 동물이고요. 겉모습은 조개랑 비슷하지만 다른 동물이지요."

고 작가는 엽충이를 따라갔다. 엽충이 말대로 그곳은 산호와 완족류들로 가득했다.

"4억 4300만 년 전인 실루리아기에는 오르도비스기부터 번성했던 산호나 완족류는 물론 오징어처럼 흐느적거리고 머리 밑에 다리가 달린 두족류들이 계속 번성했어요. 척추동물인 갑주어도 나타났지요. 갑주어는 어류의 조상이라고 할 수 있어요."

"왠지 이제 으스스해지는걸?"

고 작가는 뭔가 오싹한 느낌이 들기도 했지만 짐점 흥미로웠다.

엽충이가 설명을 이어 갔다.

"4억 1600만 년 전인 데본기는 물고기들의 세상이라고 할 수 있어요. 갑주어뿐만 아니라 숨을 쉬는 폐어도 등장했거든요. 혹시 실러캔스라는 물고기를 들어 본 적이 있으세요? 살아 있는 화석이라고 부르는 물고기 말이에요."

고 작가는 실러캔스가 무엇인지 잘 알고 있었다. 지난번에 아이들과 과학관에 갔을 때 실러캔스 이름을 실버캔스라고 우겼다가 호되게 당한 경험이 있기 때문이다.

고 작가가 신기해하며 물었다.

"우아, 그럼 실러캔스가 그렇게 오래된 물고기란 말이야? 아직도 멸종되지 않고 살아 있는 거구나."

엽충이가 흐뭇한 얼굴로 고개를 끄덕였다.

"그래서 실러캔스를 살아 있는 화석이라고 해요."

고 작가는 이 내용을 모두 원고에 담아낼 생각을 하니 마치 광산에서 다이아몬드라도 캐낸 것처럼 기뻤다. 아니, 그 이상으로 기뻤다.

"그래, 다음은 뭐지?"

고 작가의 궁금증은 끝이 없었다.

실러캔스

"데본기에는 양서류도 등장했어요. 양서류는 개구리나 도롱뇽처럼 물에서도 살고 땅에서도 살 수 있는 동물이지요."

엽충이는 계속 걸어가며 말을 이었다.

"하지만 데본기 말에는 바다에 사는 많은 생물들이 죽었어요. 운석이 지구와 충돌한 충격 때문이지요. 그에 반해 육지에서는 고사리 같은 양치식물들이 넓은 지역에 걸쳐 번성했어요."

고 작가가 고개를 끄덕였다.

"그렇구나."

"이제 석탄기로 넘어가죠."

고 작가가 껄껄 웃으며 물었다.

"석탄기? 하하, 석탄이 많이 나와서 석탄기라고 하나?"

"히히, 작가님 말이 맞아요."

엽충이는 다시 빠르게 움직이면서 고 작가를 안내했다.

"여기는 석탄기의 숲이에요. 양치식물들이 아주 많지요? 이렇게 번성했던 양치식물들이 땅속 깊이 묻혀 석탄의 주원료로 남아 있는 거예요. 그래서 석탄기라고 부르지요."

"우아, 석탄이 이런 식물들로 만들어진 거구나."

"석탄기는 약 3억 5900만 년 전에서 2억 9900만 년 전 사이를 말해요. 곤충과 양서류들이 이때 많이 생겨났지요. 파충류가 처음 등장한 것도 석탄기라고 할 수 있어요."

드디어 고생대의 끝이 보이기 시작했다.

"고생대의 마지막은 페름기예요. 2억 9900만 년 전에서 2억 5100만 년 전이지요."

고 작가가 고개를 갸웃거리며 물었다.

"그런데 페름기는 왜 그렇게 짧은 거지? 보통 한 기가 1억 년은 넘었잖아?"

그때 갑자기 주변이 뜨거워지고 지진이 일어난 것처럼 땅이 마구 흔들리기 시작했다.

엽충이가 슬픈 목소리로 중얼거렸다.

"왜냐하면…… 멸종되었기 때문이에요."

엽충이는 알쏭달쏭한 말만 남기고 어디론가 사라져 버렸다.
"잠깐! 잠깐!"
고 작가는 자신도 모르게 소리를 질렀다.
"안 돼! 가지 마!"
자신의 목소리가 끊임없이 메아리쳐 들려왔다.

"이봐요, 지금 무슨 일을 했는지 알아요?"
박 박사가 고 작가를 흔들어 깨웠다. 고 작가는 멍한 얼굴로 주위를 두리번거리다 박 박사를 바라보았다.
"여…… 여기가 어디지? 엽충이는 어디 있어요?"
박 박사는 고 작가 때문에 화가 머리끝까지 났다. 오랫동안 비밀로 지켜 왔던 연구 내용이 산산이 파헤쳐진 것이다.
"으, 내가 이럴 줄 알았어. 가상 현실 연구의 비밀이 모두 탄로 났단 말이야!"
박 박사는 흥분한 나머지 주변에 있던 종이를 마구 구겼다. 자신의 머리도 마구 헝클어뜨렸다. 그러고도 화가 안 풀렸는지 앞에 있는 깡통처럼 생긴 물건을 힘차게 걷어찼다.
"삐용, 삐용!"
사이렌이 갑자기 사방에서 울리면서 연구실 안이 번쩍번쩍 빛났다. 위험한 일이 생겼을 때 쓰려고 했던 무선 도난 경보 장치를 발로 걷어차 버린 것이다.
박 박사가 버럭 소리를 질렀다.

"안 돼!"

박 박사는 그제야 정신을 차리고 허겁지겁 연구실에 있는 스위치를 모두 껐다. 시끄럽던 사이렌 소리와 정신없이 번쩍거리던 조명들이 금세 잠잠해졌다.

고 작가는 우물쭈물하며 박 박사에게 사과를 했다.

"죄…… 죄송해요. 그냥 어쩌다 로비타를 살짝 만졌을 뿐인데…… 그게 다 비밀이었군요. 제가 엽충이와 고생대에서 겪은 일은 모두 가상 현실이었고요……."

박 박사는 포기한 듯 한숨을 크게 쉬었다.

"휴…… 그래요. 어차피 다 알려진 사실이니까 말씀드리지요. 우선 로비타는 제가 비밀리에 연구하고 있는, 가상 현실을 체험할 수 있게 해 주는 로봇입니다."

박 박사는 흥분을 가라앉히고 로비타에 대해 차근차근 설명해 주었다. 지층이와 단층이가 아빠를 돕기 위해 로비타로 가상 현실 여행을 떠났던 이야기까지 모두 털어놓았다.

고 작가가 감동한 목소리로 말했다.

"그랬군요……. 저는 그것도 모르고 아이들이 그저 열심히 공부했구나 하고 기특하게 생각했어요."

"미리 말씀 안 드려서 죄송합니다. 아이들도 우연히 로비타를 발견한 거라 저도 어쩔 수가 없었어요. 제가 비밀이라고 아무에게도 말하지 말라고 했으니까요."

고 작가는 아이들의 기특한 마음이 너무 고마워서 눈시울이 금세 뜨거워졌다.

"녀석들……."

고 작가는 오늘 있었던 일은 모두 비밀로 해 달라는 박 박사의 신신당부를 받은 뒤 흐뭇한 마음으로 언덕을 내려왔다. 지층이와 단층이는 아무것도 모른 채 잠에 빠져들어 있었다. 고 작가는 아이들의 볼을 한 번씩 비빈 뒤 잠자리에 들었다.

고 작가의 지질 노트

지질 시대 연대표

지질 시대를 나누는 가장 큰 단위를 '누대'라고 해요. 현생 누대와 시생 누대, 원생 누대로 구분하는데, 시생 누대와 원생 누대를 합하여 '선캄브리아 시대'라고 부르기도 하지요. 화석이 만들어진 시기가 현생 누대로, 고생대, 중생대, 신생대는 현생 누대에 속해요. 시생 누대와 원생 누대는 화석이 거의 없던 시기랍니다.

이언	대	기	시기	표준 화석
현생 누대	신생대	제4기	256만 년 전	화폐석 매머드
		네오기	2300만 년 전	
		팔레오기	6550만 년 전	
	중생대	백악기	1억 4500만 년 전	암모나이트 공룡
		쥐라기	2억 년 전	
		트라이아스기	2억 5100만 년 전	
	고생대	페름기	2억 9900만 년 전	삼엽충 갑주어 필석 방추충
		석탄기	3억 5900만 년 전	
		데본기	4억 1600만 년 전	
		실루리아기	4억 4300만 년 전	
		오르도비스기	4억 8800만 년 전	
		캄브리아기	5억 4100만 년 전	
선캄브리아 시대	원생 누대		25억 년 전	–
	시생 누대		46억 년 전	스트로마톨라이트

고생대에 살았던 생물들

5억 4100만 년 전에서 2억 5100만 년 전까지의 시기를 고생대라고 해요. 고생대는 캄브리아기에서 페름기까지 여섯 개의 시기로 나뉘지요. 미생물이 대부분이었던 선캄브리아 시대와 달리 고생대에는 다양한 생물들이 살았어요.

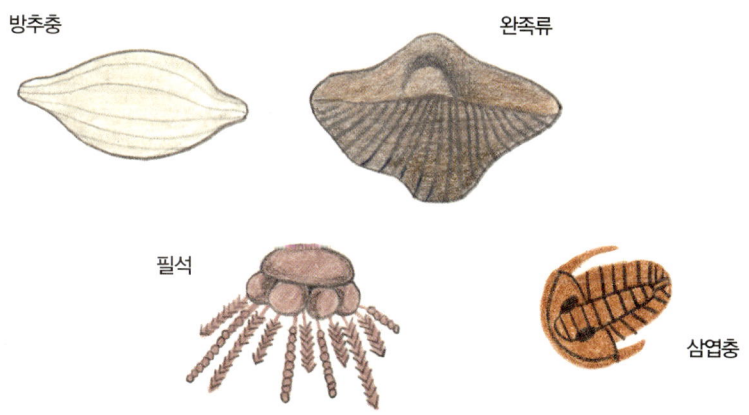

고생대를 대표하는 생물은 바로 '삼엽충'이에요. 어떤 지층에서 삼엽충 화석이 발견되었다면, 그 지층은 고생대에 만들어진 지층이라고 할 수 있지요. 고생대에는 삼엽충 말고도 필석, 방추충, 완족류가 번성했어요. 필석은 막대 모양의 해저 동물로, 연필처럼 생겼다고 해서 필석이라고 불러요. 방추충은 물레에 실을 감을 때 쓰는 쇠꼬챙이인 방추를 닮은 동물로, '푸줄리나'라고도 해요. 완족류는 팔과 다리 역할을 하는 '완족'이 발달한 동물이에요. 고생대에는 이렇게 다양한 생물들이 번성했으나, 중생대로 넘어가면서 대부분의 생물이 멸종하고 말았답니다.

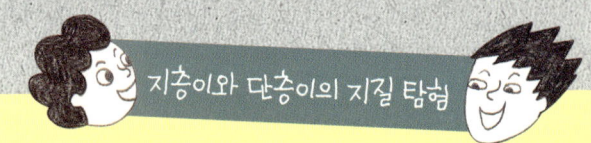

삼엽충의 보금자리, 태백

강원도 태백은 과거에 광물을 캐던 광산이 많이 있던 곳이에요. 지금까지도 다양한 암석들이 발견되고 있지요. 이곳에 있는 지층은 고생대에 만들어진 것으로, 고생대 지질 현상을 공부하기에 매우 좋습니다. 특히 태백시 동점동에 있는 구문소에는 누구나 지질 현상을 쉽게 관찰할 수 있도록 자연 학습장이 만들어져 있어요. 살아 있는 지질 교과서라고 해도 손색이 없지요.

어디에 있을까?

강원도 태백시에서 동점동 방향으로 가면, 백산동을 지나 '구문소 자연 학습장'으로 갈 수 있습니다.

무엇이 있을까?

강원도 태백에 가면 '황지'라는 연못이 있어요. 520km가 넘는 낙동강이 시작되는 연못이지요. 이곳에서 흘러나온 황지천과 철암천이 만나는 곳이 바로 구문소예요. 구문소는 두 강물이 만나면서 침식 작용이 일어나 뚫린 동굴이지요. 이곳은 천연기념물 제417호로 지정해 보호하고 있어요.

구문소 침식 동굴에서 약 500m 길이로 이어지는 지층은 '구문소 자연

구문소

학습장'이라는 이름으로 꾸며져 있어요. 그곳에서 눈에 가장 먼저 들어오는 화석은 삼엽충 화석입니다. 삼엽충 화석은 구문소가 아주 오래전에 바다였다는 사실을 보여 주지요. 삼엽충은 바다를 무대로 활동했거든요.

삼형제 폭포

구문소에 있는 암석은 대부분 석회암이에요. 고생대 초기인 오르도비스기에 만들어졌지요. 구문소에는 폭포 세 개가 나란히 있습니다. '삼형제 폭포'라고 하는데, 이 주변에서도 재미있는 지질 현상을 관찰할 수 있어요.

퇴적물이 마르면서 생긴 구조인 건열부터 건열 바로 위에는 물결처럼 보이는 무늬를 가진 암석도 보입니다. 모양 그대로 얕은 물에서 물결이 출렁이면서 암석에 무늬를 만들어 낸 구조로, '물결 자국'이라고 부르지요.

물결 자국

구문소뿐만 아니라 아름다운 절경을 뽐내는 미인 폭포도 중요한 자연 학습장이에요. 특이하게도 미인 폭포 주변의 지층들은 대부분 붉은색을 띠고 있어요. 지층을 이루는 성분이 붉은 산화철로 되어 있거든요.

지층을 이루는 자갈들이 한쪽 방향을 향하고 있다는 재미있는 사실도 알 수 있어요. 물이 흐르는 방향에 따라 자갈이 늘어선 거예요. 이렇게 지층을 잘 관찰하면 지층이 어떤 성분으로 이루어져 있는지, 과거에 어떤 지질 현상이 있었는지 알 수 있답니다.

8장 티라노사우루스가 나타났다!

"박사님, 박사님! 제발요!"

고 작가와 지층이, 그리고 단층이까지. 셋은 아침부터 박 박사의 연구실 앞에서 한목소리로 박 박사를 부르고 있었다. 아니, 부르는 게 아니라 조르고 있었다.

박 박사가 난처해하며 말했다.

"아, 글쎄. 안 된다니까. 고 작가까지 도대체 왜 이러는 거예요?"

고 작가가 어린애처럼 졸라 대며 말했다.

"아이, 아이, 지금 아주 중요한 부분을 쓰고 있단 말이에요. 꼭 여행을 떠나야 해요!"

박 박사의 이마에 '정말 미치겠구나'라는 말이 쓰여 있는 것 같았다. 박 박사가 단호한 목소리로 말했다.

"너무 위험해요. 아무리 가상 현실이라고 해도 중생대는 공룡이 살았던 시대란 말이에요. 중생대를 체험한다는 건 정말 무리라고요."

"뭐, 그럼 할 수 없죠."

고 작가는 두 손을 확성기처럼 모으고 소리를 지르기 시작했다.

"동네 사람들, 여기 구경 한번 와 보세요! 박 박사님이 신기한 발명품을 만들었어요! 로비타라고 가상 현실…… 읍."

박 박사가 고 작가의 입을 재빨리 틀어막았다.

"알았어요. 하지만 난 무슨 일이 일어나도 책임 못 집니다."

박 박사는 고집불통 고 작가 가족을 더 이상 막을 수 없었다. 결국 로비타 앞에 박 박사와 고 작가 가족이 모여 앉았다.

박 박사가 차분하게 말을 꺼냈다.

"중생대는 약 2억 5100만 년 전부터 시작해요. 트라이아스기, 쥐라기, 백악기로 나눌 수 있지요. 어느 시기로 여행을 떠날까요?"

단층이가 신나는 목소리로 말했다.

"물론 쥐라기요!"

고 작가도 술술 설명하기 시작했다.

"히히, 사실 트라이아스기에 대해서는 벌써 공부를 많이 했어요. 가장 대표적인 동물은 암모나이트! 암모나이트는 고생대 실루리아기에 처음 등장했지만, 중생대에 와서 번성했다가 다시 모습을 감추었지요."

지층이도 거들었다.

"맞아요. 땅에는 겉씨식물들이 번성했고요."

"그래, 알았다. 그럼 쥐라기로 한번 떠나 보자. 모두 준비들 하고……"

박 박사도 바쁘게 연구실 안을 돌아다니기 시작했다. 단층이가 그 모습을 보고 물었다.

"어? 이번에는 박사님도 함께 가시는 거예요?"

"당연하지. 마음이 불안해서 도저히 견딜 수가 없구나."

이렇게 해서 고 작가 가족과 박 박사가 함께 쥐라기 시대로 떠나기로 했다.

지층이와 단층이가 신나게 외쳤다.

"그럼 출발!"

도착하자마자 벌써 문제가 생겼다. 지진이라도 일어난 것처럼 땅이 흔들리고 갈라지고 있었다.

고 작가가 겁에 질린 목소리로 말했다.

"뭐…… 뭐야."

"그러게 내가 위험하다고 했잖아요! 시작부터 장난이 아니네요."

박 박사는 벌써부터 여행을 따라온 것이 후회되었다. 일단 피하는 게 최선이었다. 다 함께 한참을 뛰어 도망가다 보니 흔들림이 조금 잠잠해진 것 같았다.

지층이가 언덕 아래를 가리키며 말했다.

"어? 저기 봐요!"

다층이가 박수를 치며 말했다.

"우아, 정말 멋지다! 영화에서 본 것과 똑같아요!"

영화 〈쥬라기 공원〉의 한 장면처럼 언덕 아래에는 거대한 중생대 숲이 펼쳐져 있었다.

"지구의 땅덩어리는 원래 '판게아'라는 거대한 대륙 하나로 되어 있었단다. 그런데 지각 변동이 일어나면서 '곤드와나'와 '로라시아'라는 두 대륙으로 나뉘어졌지."

박 박사가 흐뭇한 얼굴로 설명을 이어 갔다.

"그러는 과정에서 해수면이 올라가고 대륙 일부는 물에 잠기는 큰 변화가 생겼어. 날씨도 안정되고 습한 기운도 많이 생겨서 식물이 무성하게 자랐단다. 당연히 동물들도 진화하고 더욱 번성했지."

박 박사의 말이 끝나자마자 다시 바닥이 울리기 시작했다. 단층이가 놀라면서 어딘가를 가리켰다.

"어? 아빠! 저기 봐요!"

"초식 공룡이구나. 쥐라기에는 식물이 무성하게 자라는 만큼 공룡들도 무럭무럭 자랐지. '용각류'라고 분류하는 초식 공룡들이 점점 늘어나고 공룡들의 몸집도 커졌단다."

지층이도 끼어들었다.

"맞아요. 디플로도쿠스나 카마라사우루스 같은 공룡은 몸길이가 18m 도 넘었대요."

"하하, 지층이가 공룡에 대해서 아주 잘 알고 있구나. 그럼 우리 아래로 내려가 볼까?"

고 작가는 고민도 하지 않고 공룡이 있는 쪽으로 걸음을 옮겼다.

"뭐? 잠깐!"

박 박사가 말리기도 전에 지층이와 단층이가 고 작가를 따라 뛰어 내려갔다. 박 박사도 어쩔 수 없이 고 작가 가족을 따라갔다. 지층이와 단층이는 달려가는 힘 때문에 쉽게 멈출 수가 없었다. 멈추면 앞으로 코를 박고 넘어질 것 같았다.

"우워어어!"

멀리서 들렸던 공룡 울음소리가 점점 가까이 다가왔다. 박 박사가 걱정스러운 목소리로 외쳤다.

"아무리 초식 공룡이라도 안전하지 않단 말이야!"

때는 이미 늦었다. 지층이와 단층이를 본 공룡이 아이들 쪽으로 다가오고 있었다. 공룡은 어찌나 몸집이 큰지 한 걸음 내딛을 때마다 땅이 미친 듯이 울려 댔다.

"엄마야!"

고 작가와 아이들, 박 박사는 숨이 머리끝까지 차오를 정도로 정신없이 도망치기 시작했다. 지금 속도대로라면 아마 세계 최고의 육상 선수보다도 빨랐을 것이다.

얼마나 달렸을까, 공룡은 이제 더 이상 따라오지 않았다. 고 작가가 숨을 헉헉대며 말했다.

"어휴, 하마터면 큰일 날 뻔했네."

"그것 봐요! 내가 위험하다고 했잖아요! 이제 난 모르겠으니까 다들 맘대로 해요!"

박 박사가 화를 내며 돌아섰다. 그때 박 박사 앞으로 무엇인가 휙 지나갔다. 박 박사가 금방 밝은 얼굴로 외쳤다.

"시조새다!"

박 박사는 화를 냈던 것도 잊고 어느새 고 작가와 아이들에게 시조새에 대해 설명하고 있었다. 시조새는 지구에서 가장 오래된 새이며 파충류와 조류의 중간 형태를 띤 녀석이다. 이빨이 있고 긴 꼬리와 깃털이 있다. 학자들은 공룡이 조류로 진화했다는 증거로 시조새를 연구하고 있다고 한다.

지층이가 시조새를 보고 넋이 나간 듯한 얼굴로 박 박사에게 말했다.

"시조새는 과학관에서 화석으로만 봤었는데, 정말 신기해요."

박 박사가 고개를 끄덕이며 말했다.

"그럼 이제 돌아가 볼까?"

단층이가 잔뜩 겁에 질린 목소리로 말했다.

시조새

"바…… 박사님……. 정말 그래야 할 것 같아요."

뭔가 커다란 물체가 뒤에서 다가오고 있었다. 모두가 그 사실을 느끼고 있었지만 무서워서 발이 떨어지지가 않았다.

"티라노……."

누가 말을 꺼냈을까. 말을 꺼낸 사람을 확인하기도 전에 박 박사와 고 작가 가족들은 또다시 달리기 시작했다.

"으악! 엄마아!"

뒤따라오고 있는 것은 놀랍게도 책에서만 보았던 공룡 티라노사우루스였다. 뒤돌아볼 새도 없이 도망가는 바람에 티라노사우루스의 날카로운 이빨은 미처 볼 수 없었다. 하지만 언뜻 본 커다란 얼굴과 굵은 다리는 너무나 무서웠다.

각자 흩어져 달리는 바람에 누가 옆에 있는지도 알 수 없었다. 바위 뒤에 숨은 지층이가 작은 목소리로 고 작가를 불렀다.

"헉헉, 아빠. 거기 계세요?"

고 작가 대신 단층이가 대답했다.

"형이야?"

반대편에 있는 나무 아래에서 고 작가의 목소리가 들렸다.

"아빠 여기 있어! 박사님은 어디 가셨지?"

"박사님! 박사님!"

지층이가 작은 목소리로 박 박사를 불렀지만 아무 소리도 들리지 않았다. 대답 대신 또다시 티라노사우루스의 무서운 울음소리가 들려왔다. 소리만 들어도 무서워서 땀방울이 절로 흘러내렸다.

지층이가 고 작가에게 물었다.

"티라노사우루스는 백악기 공룡 아니에요? 그런데 왜 쥐라기에 나타난 거죠?"

"글쎄다, 가상 현실 프로그램에 뭔가 이상이 생긴 것 같구나."

단층이가 다시 애타게 박 박사를 불렀다.

"박사님! 박사님!"

그때 티라노사우루스가 있는 쪽에서 박 박사 목소리가 들려왔다.

"여러분 안녕? 놀랐지?"

놀랍게도 티라노사우루스 다리 옆에 박 박사가 웃으며 서 있었다.

"헤헤, 사실 이건 가상 현실 안에 마련한 또 다른 홀로그램 영상이란다. 기존에 있던 가상 현실 프로그램이 아무래도 위험한 것 같아서 말이야. 가상 현실 속에 들어 있는 또 다른 가상 현실 프로그램이라고 생각하면 돼."

고 작가 가족은 어리둥절했다. 마치 몰래 카메라에 찍힌 기분이었다. 아이들이 한목소리로 외쳤다.

"에이, 뭐예요!"

주변에 있던 것들이 조금씩 사라지기 시작했다. 바위가 먼저 사라지더니 동물들도 하나둘씩 사라졌다. 무시무시했던 티라노사우루스도 텔레비전을 끄듯 한순간에 모습을 감추었다.

박 박사가 씩씩한 목소리로 외쳤다.

"자, 우리도 이제 돌아갈 시간이다!"

중생대 여행은 그렇게 끝이 났다. 거대한 몸집을 자랑하던 초식 공룡들도, 무시무시한 이빨을 내밀었던 티라노사우루스도 결국 중생대에 멸종한 것처럼 말이다.

지층이가 박 박사에게 물었다.

"공룡은 왜 멸종한 거예요?"

"공룡 멸종설에 대해서는 학자들마다 의견이 다르단다. 가장 많은 학자들이 주장하는 내용이 '운석 충돌설'이지. 거대한 운석이 지구에 떨어지면서 지각 변동이 일어나 지진과 화산 폭발이 생기고, 먼지구름이 태양을 가리는 바람에 기온이 떨어졌다는 거야. 그러면 생물들은 추위와 배고픔을 못 견디고 멸종하게 되지."

고 작가도 나서서 설명했다.

"공룡알을 다른 동물들에게 도둑맞아서 멸종했다는 좀 어설픈 주장도 있단다. 당시에는 포유류들도 많이 생겨났는데, 공룡알은 그들에게 가장 좋은 먹잇감이었지."

어느새 박 박사의 연구실도 어두워졌다. 지층이가 피곤했는지 하품을 하며 고 작가에게 말했다.

"우아, 벌써 하루가 다 갔네. 내일은 내일의 태양이 다시 뜨겠죠?"
"하하, 지층이가 어른스러운 말을 다 하는구나."

박 박사도 고개를 끄덕이며 말했다.

"그래, 한 시기를 거치면서 번성했던 동식물들도 사라져 버렸단다. 하지만 내일은 다시 내일의 태양이 떠오르듯, 새로운 생물들이 또다시 생겨났지."

그렇게 하루가 지나갔다. 왠지 오늘 밤 꿈에는 지구에서 사라진 거대한 공룡이 나타나지 않을까 기대하면서 모두 잠자리에 들었다.

고 작가의 지질 노트

공룡들의 놀이터, 중생대

중생대는 2억 5100만 년 전에서 6550만 년 전까지의 시기로 트라이아스기, 쥐라기, 백악기로 나누어요. 중생대에는 삼엽충, 필석류, 방추충 등이 사라지고, 고생대보다 더 진화한 생물들이 살았어요. 양치식물이 번성했던 고생대와 달리 속씨식물(밑씨가 씨방 안에 들어 있는 식물)도 조금씩 나타났지요. 특히 거대한 파충류인 공룡이 지구를 정복하고 살았답니다.

공룡은 언제 살았을까?

공룡이 처음 지구에 등장한 것은 언제일까요? 발견된 화석으로 보아 2억 2800만 년 전인 트라이아스기 후기로 알려져 있어요. 공룡은 그때부터 백악기 말까지 지구를 지켰던 진정한 주인이었지요. 우리나라에서 발견된 기록으로는 약 1억 년 전 경상 호수(지금의 경상남·북도 일대)를 중심으로 공룡들이 많이 살았다고 해요.

골격 화석과 흔적 화석

공룡 화석은 뼈 모양이 그대로 나타나 있는 '골격 화석'과 발자국 화석이나 공룡 피부 화석처럼 공룡이 살았을 때 흔적으로 남긴 '흔적 화석'으로 구분할 수 있어요. 골격 화석이 만들어지려면 공룡이 죽은 뒤 퇴적물에 묻혀야 해요. 하지만 화산이나 지진처럼 엄청난 지각 변동이 일어나면 공룡 뼈도 파괴되어 없어지기도 하지요. 우리나라에서 공

골격 화석

룡이 가장 많이 살았다고 추측하는 경상 호수 근처에서는 흔적 화석이라고 할 수 있는 공룡 발자국이 많이 남아 있어요.

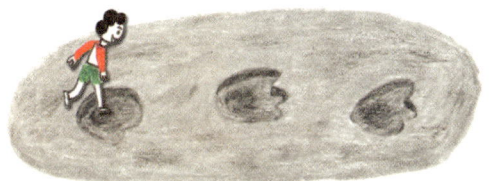
공룡 발자국 화석

공룡 피부 화석

익룡도 공룡일까?

　1996년 전라남도 해남 우항리에서 희한한 발자국 화석이 나왔어요. '해남이크누스'라고 이름 붙인 화석의 주인공은 바로 '익룡'이에요. 앞발이 날개로 진화한 파충류를 익룡이라고 하지요. 흔히 날아다니는 공룡을 익룡, 물속에서 살았던 공룡을 어룡이라고 생각해요. 하지만 공룡은 다리를 곧게 펴고 살았던 육지 파충류를 일컫는 말이기 때문에, 익룡과 어룡은 공룡이 아니랍니다.

　익룡 화석은 퀴비에라는 과학자가 독일 졸렌호펜의 석회암층에서 맨 처음 발견했어요. 퀴비에는 화석의 주인공이 날아다니는 파충류라는 사실을 알아내고, '날개의 발가락'이라는 뜻으로 '프테로닥틸루스'라고 불렀지요.

프테로닥틸루스

　익룡도 공룡처럼 트라이아스기부터 백악기 말까지 살았어요. 현재까지 발견된 익룡 화석은 약 100여 종인데, 그것보다 훨씬 많은 종이 살았을 것으로 추측하고 있답니다.

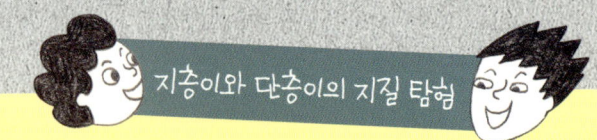

공룡 댄스의 무대, 고성

우리나라에서 공룡으로 가장 유명한 곳은 경상남도 고성군입니다. 정확하게 말하면 고성군 하이면 덕명리 바닷가에 있는 '상족암'이라고 할 수 있지요. 고성은 중생대 백악기에 살았던 공룡들의 땅이었어요. 상족암 바닷가에 새겨진 수많은 공룡 발자국 화석을 보면, 지금이라도 당장 공룡이 나타날 것 같은 기분이 들지요.

공룡 발자국 화석들은 천연기념물 제411호로 지정해 보호하고 있으며, 공룡에 대한 이해를 돕기 위해 고성 공룡 박물관도 지었답니다.

어디에 있을까?

공룡 발자국 화석을 보려면 덕명리 바닷가에 있는 상족암 군립 공원으로 가야 해요. 이곳 안에 고성 공룡 박물관이 있고, 주변 바닷가를 따라서 공룡 발자국 화석을 관찰할 수 있지요.

무엇이 있을까?

상족암 바닷가에 들어서면 중간중간에 움푹 들어간 둥근 자국이 있는데 이것이 바로 공룡 발자국 화석이랍니다. 고성에서 발견된 발자국 화석은 약 4000개 정도로 세

상족암 바닷가의 공룡 발자국 화석

계 3대 공룡 화석 산지로 유명해요. 해남에 있는 공룡 발자국 화석은 지붕을 덮어 보호하고 있지만, 이곳에는 화석이 바닷가에 그대로 드러나 있어서 금방이라도 공룡이 지나간 것처럼 느껴지지요.

발자국 화석이 밖으로 드러나 있기 때문에 관찰하기가 아주 쉬워요. 공룡의 발바닥 크기와 보폭을 자로 재 볼 수도 있고, 발가락 수나 모양을 관찰할 수도 있지요. 그렇게 공룡의 크기를 대략 짐작할 수 있어요.

상족암에 있는 공룡 발자국을 살펴보면 '용각류'의 둥근 발자국도 있어요. 용각류는 쥐라기와 백악기에 번성한 공룡으로, 몸집이 크고 목과 꼬리가 길지요. 그런데 조금 특이한 사실이 있어요. 용각류는 주로 쥐라기에 살았고, 백악기에는 보기 드물었다고 해요. 그런데 상족암은 백악기 지층으로 그 시대에도 이곳에서 용각류가 살았다는 사실을 알 수 있지요.

용각류

상족암의 다른 한쪽에는 평평한 땅을 마구 짓밟아 놓은 것 같은 특이한 지형이 나타납니다. 공룡 한두 마리가 아니라 여러 마리가 한꺼번에 밟아 놓은 듯한 흔적이지요. 공룡들이 함께 모여 춤이라도 춘 것 같아 보여요. 이렇게 어떤 생물이 퇴적물을 흩어 놓은 상태를 '생란 작용'이라고 해요. 그중에서도 상족암처럼 공룡이 퇴적물을 흩어 놓은 경우는 '공란 작용'이라고 한답니다.

9장 인류의 조상을 만나다!

"으, 이제 마지막 원고만 남았다!"

중생대 여행에서 많은 영감을 얻은 고 작가는 원고 집필에 최선을 다했다. 여행은 힘들었지만 다행히 만족할 만한 원고를 쓸 수 있었다.

"이제 마지막은 인류의 기원인데……."

마지막 원고를 남겨 둔 고 작가는 또다시 고민에 빠졌다. 인류가 어떻게 진화되었는지에 대해서는 여러 가설이 있지만, 아직 확실하게 정리된 자료가 없기 때문이었다. 고 작가는 미간을 찌푸리며 지그시 눈을 감고 생각에 잠겼다. 눈을 감은 지 5초도 안 돼서 단층이의 시끄러운 목소리가 심각한 분위기를 깼지만 말이다.

"아빠, 신문 봤어요? 인간의 조상에 대한 기사가 실렸어요."

고 작가는 눈을 번쩍 떴다. 단층이가 가져온 신문에는 1992년 에티오피아 아와시강에서 발견된 영장류의 화석에 대한 기사가 대문짝만 하게 실려 있었다. 실제 키가 1.2m 정도 됐을 거라고 예상되는 영장류 화석은 '아르디'라는 이름으로 불렸다. 어느새 지층이도 옆에 와서 신문을 보고 있었다.

"아빠, 우리 마지막 여행을 떠나 볼까요?"

지층이가 고 작가를 보며 눈을 깜빡였다. 당장 박 박사에게 달려가서 아르디를 만나게 해 달라고 조르자는 뜻인 걸 알 수 있었다.

고 작가가 할 수 없다는 듯이 말했다.

"그래, 박사님한테 가서 부탁드려 보자."

고 작가와 아이들은 박 박사와 로비타를 찾아갔다. 지난번 티라노사우루스 사건으로 조금은 걱정이 되기도 했지만, 그래도 다른 방법이 없었다. 생생한 원고를 쓰기 위해서는 실제로 경험해 보는 방법이 가장 좋았기 때문이다.

고 작가의 이야기를 들은 박 박사가 고개를 흔들며 말했다.

"중생대 여행에서 그렇게 고생을 해 놓고 이번에는 인류의 조상을 만나러 가자고요?"

"박사님, 이번이 마지막이에요. 이번에는 제가 아이들을 잘 돌볼게요."

지층이도 박 박사에게

매달렸다.

"박사님, 지금까지 있었던 일들은 꼭 비밀로 할게요. 그리고 박사님도 연구를 빨리 마무리하셔야 하잖아요. 제발요."

간절함이 담겨 있는 지층이의 눈망울을 보고 박 박사는 결국 고개를 끄덕였다.

"그래, 할 수 없군. 그럼 마지막으로 언어 소통 기능을 테스트해야겠다. 언어 소통 기능이란 동물의 언어를 알아듣고 서로 대화를 나눌 수 있는 기능이지. 테스트에 성공하면 이번이 너희들의 마지막 여행이 될 거다."

박 박사의 로비타 연구도 어느새 마지막 단계에 와 있었다. 고 작가는 왠지 마음이 뭉클했다. 이제 다시는 이런 멋진 여행을 할 기회가 없을 거라는 생각이 들었기 때문이다.

고 작가가 아쉬운 목소리로 말했다.

"이제 신생대 여행만 남았어요. 6550만 년 전이었던 신생대에는 포유류가 많이 늘어났지요. 인류가 처음 등장해 인류의 기원에 대해서도 알아볼 수 있고요."

"인류의 기원이라······. 그럼 아직 언어를 쓸 줄 모르는 인류의 조상과 인터뷰를 할 수 있겠군."

지층이도 박 박사를 설득했다.

"신문에서 봤는데 '아르디'라는 여자 영장류의 화석이 있대요. 과학자들은 아르디가 인류의 조상일지도 모른다고 추측하고 있어요. 우리가 아르디를 만나면 인류 기원의 비밀을 알아낼 수 있지 않을까요?"

"좋다. 그럼 아르디를 만나러 가 볼까?"

박 박사는 로비타의 시계를 440만 년 전으로 돌렸다. 장소는 에티오피아 아와시강 주변이었다.

"어? 비가 와요!"

단층이의 말대로 굵은 빗방울이 소리 내며 떨어지고 있었다. 고 작가와 아이들은 일단 비를 피해 계곡 쪽으로 갔다. 알고 보니 조금 전에 내리던 비는 계곡에서 떨어져 내려오는 폭포의 물줄기였다.

지층이가 머리에 묻은 물을 털어 내며 말했다.

"그냥 비가 오는 줄 알았어요."

"그러게 말이야. 아빠도 깜짝 놀랐다."

거대한 폭포를 보니 자연은 신비롭다는 말밖에는 딸리 표현하기가 어려웠다. 폭포 줄기는 숲에서 자라는 식물들에게 물을 뿌려 주고, 다시 계곡 아래 강으로 흘러 내려가고 있었다. 깨끗한 계곡물을 먹고 자라서인지 식물들이 더 푸르게 보였다.

모두들 넋 놓고 자연을 바라보고 있다가 문득 다른 누군가의 인기척을 느꼈다. 무엇인가가 이상한 소리를 내며 고 작가와 아이들을 향해 빠른 속도로 다가오고 있었다.

"크아아학! 크아아학!"

숲이 너무나 울창해서 무엇이 다가오는지 알아보기 어려웠다. 소리는 점점 가까이 들려왔다.

"크아아학!"

숲속에서 갑자기 누군가 뛰어나왔다. 사람이라기보다는 원숭이나 오랑

우탄처럼 보였다. 그것도 한 마리가 아니라 여러 마리였다. 고 작가와 아이들은 "걸음아, 날 살려라!"를 외치며 있는 힘껏 달려가기 시작했다.

지층이가 숨을 헉헉대며 물었다.

"아빠, 어디로 가는 거예요?"

"나도 몰라! 일단 저것들이 쫓아오지 않는 데까지는 뛰어야지!"

지층이는 사람들이 한꺼번에 우르르 도망치면 자기도 모르게 같은 방향으로 뛰게 된다는 사실을 온몸으로 느낄 수 있었다. 고 작가 가족은 어느새 막다른 절벽에 이르렀다.

"헉헉, 이제 더는 못 뛰겠어요. 도대체 뭐가 따라오는 걸까요?"

지층이는 거의 쓰러질 지경이었다. 단층이와 고 작가는 말할 것도 없었다. 쫓아오던 원숭이들은 다행히 보이지 않았다. 절벽 끝을 보니 한쪽에 작은 동굴이 있었다.

"여기 잠시 숨어 있으면 어떨까?"

고 작가가 동굴에 발을 들여놓은 순간, 갑자기 무엇인가 고 작가를 공격했다.

"크아아아항!"

고 작가 가족은 깜짝 놀라 뒤로 물러섰다. 자세히 보니 원숭이 일곱 마리가 보였다. 한 마리는 잔뜩 경계를 하며 고 작가 일행이 다가오지 못하게 노려보고 있었고, 나머지 원숭이들은 모두 지쳐 쓰러져 있었다.

단층이가 그 모습을 안쓰럽게 쳐다보며 말했다.

"아빠, 모두 가족인가 봐요. 저기 아기 원숭이도 있는데요?"

원숭이들은 누군가에게 쫓기다가 많이 다친 것 같았다. 어미로 보이는 원숭이도 다리를 다친 것 같았는데 품에 안긴 아기 원숭이도 팔에 큰 상처가 나 있었다.

고 작가가 원숭이들에게 한 발자국 다가가며 물었다.

"우리가 좀 도와줄까?"

원숭이 한 마리가 난폭하게 외쳤다.

"너희…… 누구! 크아아!"

고 작가는 깜짝 놀라서 뒤로 넘어질 뻔했다.

"말을 하네……."

지층이가 갑자기 생각난 듯 박수를 치며 말했다.

"아! 로비타의 언어 소통 기능이 제대로 작동하나 봐요!"

고 작가와 아이들은 신기하게도 원숭이가 하는 말을 알아들을 수 있었다. 정확하게 들리는 건 아니었지만, 그래도 이해할 수 있는 정도였다.

지층이가 조심스럽게 다시 말을 걸었다.

"너희들 가족이니? 혹시 누군가를 피해 숨어 있는 거야? 우리가 좀 도와줄까?"

"다른…… 공격했어……. 못 믿어…… 가족…… 다쳤어……."

정확하지는 않지만 원숭이들끼리 먹이와 살 곳을 두고 싸움이 일어났고, 그 과정에서 가족들이 많이 다친 것 같았다. 가장 경계를 하고 있는 원숭이는 원숭이 가족들의 아빠인 듯했다.

지층이가 아기 원숭이를 품에 꼭 안고 있는 원숭이를 가리키며 물었다.

"아빠, 혹시 저 원숭이가 아르디가 아닐까요?"

그런데 뭔가 이상했다. 아기 원숭이는 어미 품에 안긴 채 한 번도 눈을 뜨지 않았다.

"아빠, 혹시 저 아기 원숭이……."

고 작가가 자그마한 목소리로 속삭였다.

"그래, 숨을 안 쉬는 것 같구나……."

지층이와 단층이 눈에서 눈물이 흘러내렸다. 너무 불쌍해서 소리 내어 울지도 못했다. 어미 원숭이는 아기 원숭이의 상처 입은 팔을 혀로 계속 핥아 주면서 꼭 껴안고 있었다. 팔이 나으면 아기 원숭이가 곧 일어날 거라고 생각하는 어미 원숭이의 애틋한 마음을 느낄 수 있었다.

고 작가와 아이들은 눈물을 닦고 원숭이 가족을 도와주기 시작했다. 물을 떠다 주고, 과일처럼 보이는 열매를 따다 주기도 했다. 어미 원숭이에게 열매를 따서 가져다주자 어미는 품에서 무엇인가를 꺼내 지층이에게 주었다.

"이거…… 쿠오아……."

씨앗처럼 생긴 엄지손가락만 한 동그란 물체였다. 먹을 것을 가져다주고 도와줘서 고맙다는 표시 같았다. 원숭이에게는 가장 소중한 물건이 아닐까? 고 작가 가족의 따뜻한 마음이 고마워서 준 선물 같았다.

고 작가가 일부러 밝은 목소리로 말했다.

"그럼 아빠는 불을 피워 볼까?"

고 작가가 마른 나뭇가지들을 가져와 서로 비비기 시작했다. 학생 때 보이 스카우트였다면서 큰소리를 쳤지만, 나뭇가지들을 아무리 비벼 대도 좀처럼 연기가 나지 않았다. 한 시간쯤 지났을까? 이제 그만 포기해야겠다 싶었을 때 나뭇가지에서 희미한 연기가 피어오르기 시작했다.

"어? 연기다! 불이다!"

지층이와 단층이도 기뻐서 펄쩍펄쩍 뛰면서 마른 나뭇잎들을 주워 왔다. 원숭이들은 불을 처음 보는지 깜짝 놀라면서 몸을 웅크렸다.

"이제 좀 따뜻해진 것 같아."

단층이의 말대로 동굴 안은 아까보다 훨씬 훈훈해졌다. 원숭이 가족들도, 고 작가와 아이들도 모두 지쳐 있었다. 동굴 안의 따뜻한 기운은 모두의 눈꺼풀을 무겁게 닫았다.

"어? 아르디가 어디 갔지?"

다음 날 아침, 단층이가 기지개를 켜고 일어나면서 혼잣말로 중얼거렸다. 일어나 보니 원숭이 가족들이 하나도 보이지 않았다. 고 작가와 아이들은 동굴 밖으로 뛰어나갔다.

"크아아항!"

원숭이들의 울음소리가 들렸다. 아르디 가족을 쫓아내고 공격했던 다른 원숭이 무리의 소리 같았다.

"크아아항! 크아아항!"

숲에서 원숭이 수십 마리가 날카로운 소리를 내며 요란하게 뛰어다니고 있었다. 단층이가 자기도 모르게 소리를 질렀다.

"저 녀석들이 아르디 가족을 공격한 나쁜 원숭이들일 거야!"

그때 소리를 내며 뛰어가던 한 녀석이 고 작가 가족을 보았다. 고 작가는 머리카락이 모두 솟을 정도로 깜짝 놀랐다.

"얘들아, 조심해!"

아니나 다를까, 원숭이들이 고 작가와 아이들을 향해 몰려오기 시작했다. 소리를 꽥꽥 지르면서 잡아먹을 듯이 달려들었다. 무언가를 집어 던지는 녀석들도 있었다. 고 작가와 아이들은 온 힘을 다해 도망쳤다.

"으아아!"

숲이 우거져서 앞이 보이지 않았다. 그러다가 갑자기 앞이 환하게 밝아졌다. 알고 보니 숲의 끝은 절벽이었다.

"으아아악!"

발을 헛디딘 고 작가와 아이들은 절벽 아래로 떨어졌다. 고 작가는 떨어지면서도 지층이와 단층이를 꽉 붙잡았다. 있는 힘을 다해서 품에 끌어안았다. 지층이는 재빨리 이마에 생긴 소환 버튼을 눌렀다.

"으…… 죽는 줄 알았네."
고 작가와 아이들이 연구실로 돌아왔다. 온몸이 멍이 든 것처럼 너무 아팠다.

지층이가 소환 버튼을 누르지 않았으면 어떻게 됐을지 알 수 없었다.
 지층이는 두고 온 아르디가 걱정되었다.
 "아르디는 어떻게 되었을까요?"
 고 작가가 주먹을 불끈 쥐며 일어났다.
 "가상 현실이었으니 너무 걱정하지 마라. 자, 그럼 이제 마지막 원고를 써 볼까?"
 박 박사도 만족스럽다는 듯이 말했다.
 "하하, 저도 이제 로비타를 마지막으로 점검할 차례입니다. 이번 테스트로 언어 소통 기능이 작동한다는 것을 확인했으니, 조금만 손보면 완벽할 것 같아요."
 해가 어느덧 박 박사의 연구실을 지나 언덕 아래로 지고 있었다.
 "어? 아빠, 이거……."
 지층이가 주머니에서 작은 씨앗을 하나 꺼냈다. 생각해 보니 아까 아르디가 고마움의 표시로 건네준 씨앗이었다.
 "박사님, 이런 일이 가능해요? 가상 현실에서 받은 건데……."
 "글쎄다. 이런 경우는 나도 처음인데?"
 지층이도 박 박사도 의아했지만 씨앗은 틀림없이 지층이의 손안에 있었다.

고 작가의 지질 노트

포유류의 세상, 신생대

신생대는 6550만 년 전에서 현재에 이르는 기간을 말해요. 신생대에는 꽃을 피우는 속씨식물이 번성하고, 새끼를 낳아 젖을 먹이는 포유류가 많이 늘어났어요. 또한 신생대에는 아주 추웠던 빙하기와 따뜻했던 간빙기가 번갈아 가며 찾아왔지요.

신생대는 네오기, 팔레오기, 제4기로 나누어요. 그럼 1기, 2기, 3기는 어디로 갔느냐고요? 옛날에는 암석의 종류에 따라 지질 시대를 1기부터 4기까지 나누었어요. 그러다 지질 시대를 나누는 방법이 바뀌면서 1기, 2기는 고생대와 중생대에 들어가게 되었고, 신생대에 속하는 3기는 네오기와 팔레오기로 나누게 되었답니다.

오스트랄로피테쿠스에서 호모 사피엔스까지

인류의 기원에 대해서는 여러 가지 주장이 있지만, 대부분 '오스트랄로피테쿠스'를 최초의 인류로 생각해요. 오스트랄로피테쿠스는 약 300만 년 전에서 200만 년 전 사이에 살았어요. 사람보다 원숭이의 모습에 가까웠지만, 두 발로 걸어 다녔지요. 그 뒤에 나타난 '호모 에렉투스(곧선사람)'는 약 100만 년 전에 나타나 50만 년 전까지

  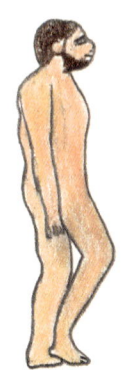 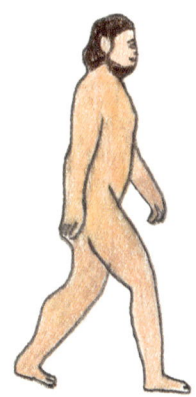

오스트랄로피테쿠스 ➡ 호모 에렉투스 ➡ 네안데르탈인 ➡ 호모 사피엔스

살았으며, 돌도끼 같은 도구를 사용했어요. '네안데르탈인(옛슬기사람)'은 약 30만 년 전에 나타나 4만 년 전까지 살았으며, 농사를 짓고 가축도 길렀어요.

인류의 직접적인 조상은 5만 년 전에 가장 많이 살았다고 추측되는 '호모 사피엔스(슬기사람)'예요. 그들은 농사를 짓고, 동굴에 벽화를 그리기도 했어요.

인류의 기원을 찾아서

2002년, 프랑스 푸아티에 대학교 교수였던 미셸 브뤼네는 700만 년 전에 살았던 초기 인류의 화석 '투마이'를 아프리카 차드의 두라브 사막에서 발견했어요. 브뤼네는 투마이가 인간과 침팬지의 특징을 동시에 가지고 있다고 주장했지요.

    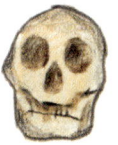

투마이   아르디   세디바   이달투   플로레시엔시스

아프리카 에티오피아에서 발견된 '아르디'는 440만 년 전에 살았던 인류의 조상으로 추정돼요. 오스트랄로피테쿠스와 투마이 사이에 있는 화석이지요.

남아프리카 공화국에 있는 도시 요하네스버그에서 발견된 10대 소년과 30대 여성의 화석 '세디바'는 180만 년 전에 살았던 것으로 추정해요. 세디바는 오스트랄로피테쿠스에서 호모 사피엔스로 진화하는 중간 단계에 있다고 생각되지요.

미국 캘리포니아 대학교의 화이트 교수는 에티오피아에서 발견된 '이달투'가 현재 지구에 살고 있는 인류의 조상이라고 주장해요. 이달투는 16만 년 전에 살았지요.

인도네시아 플로레스섬에서 발견된 '플로레시엔시스'는 1만 8000년 전에 살았다고 추정해요. 플로레시엔시스는 키가 1m에, 몸무게가 30kg밖에 안 됐답니다.

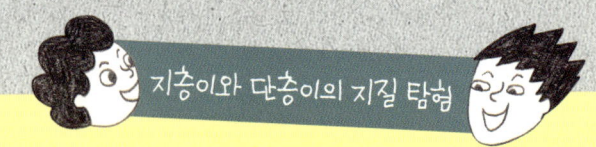
지층이와 단층이의 지질 탐험

고인돌의 고장, 강화도

구석기나 신석기에 살았던 조상들이 남긴 무덤을 '고인돌'이라고 합니다. 받침돌의 역할을 하는 '굄돌'을 아래에 세우고, 그 위에 '덮개돌'을 올려놓으면 고인돌이 되지요. 굄돌이라는 말에서 고인돌이라는 단어가 생겨났어요. 인천광역시에 있는 섬 강화도에 가면 유네스코에서 세계 문화유산으로 지정한 고인돌을 잔뜩 볼 수 있답니다.

어떻게 갈까?

강화도에서 가장 유명한 고인돌은 '강화 지석묘'로 강화도 부근리에 있는 고인돌이에요. 강화 대교를 건너 강화읍으로 쭉 가면 부근리에서 만날 수 있지요. 고천리와 오상리와 교산리에서도 고인돌을 만날 수 있습니다.

무엇이 있을까?

강화도에 가면 강화 지석묘를 비롯해 고천리 지석묘군, 오상리 지석묘군, 교산리 지석묘군 등에서 수많은 고인돌을 볼 수 있어요. 고려산을 중심으로 해서 120여 개의 고인돌이 모여 있지요. 모두 지방 기념물이나 향토 유적으로 보호하고 있으며, 유네스코에서 지정한 세계 문화유산이기도 해요. 고인돌 주변에서는 토기와 돌칼과 화살촉 등도 함께 발견돼서 수천 년 전 이곳에서 살았던 조상들의 생활 모

강화도 부근리에 있는 고인돌

습을 짐작할 수 있어요.

 강화도에 있는 고인돌은 대부분 탁자식 고인돌(북방식 고인돌)이에요. 고인돌이 마치 탁자처럼 생겨서 그렇게 부르지요. 탁자식 고인돌은 굄돌 네 개를 세워 돌방을 만들고, 시신을 놓은 다음 흙으로 덮어요. 그러고는 굄돌 위에 거대하고 평평한 덮개돌을 올려서 완성하지요.

 강화도에서는 바둑판식 고인돌(남방식 고인돌)도 볼 수 있어요. 흙을 파고 안에 돌방을 만들어 시신을 넣은 뒤 굄돌 없이 덮개돌만 올린답니다.

 강화 지석묘를 이루는 암석을 보면 재미있는 사실을 알 수 있어요. 아래에 받친 굄돌의 크기가 무려 4m를 넘는답니다. 보기에도 어마어마하게 커 보이는 덮개돌은 길이만 해도 6m가 넘지요. 전체 무게는 5만 3000kg으로 거대한 아프리카코끼리에 맞먹는 무게예요. 여기서 잠깐! 강화 지석묘의 덮개돌은 편마암으로 되어 있고, 굄돌은 운모편암과 화강암질 편마암으로 되어 있어요. 조상들이 이 거대한 암석을 어떻게 운반했을지도 궁금하지만, 왜 각기 다른 성분의 암석을 사용했는지도 재미있는 연구 대상이 되고 있답니다.

10장 잊지 못할 작가 사인회

"아빠, 빨리 좀 서두르세요!"

단층이가 아침부터 설레발을 치며 고 작가를 불렀다. 오늘은 작가 사인회가 열리는 날. 출판사에서는 고 작가의 원고가 너무나 마음에 든다면서 책을 서둘러 출판하고 사인회까지 잡아 놓았다.

"으이그. 알았다, 알았어."

고 작가는 마지못해 간다는 듯이 아이들에게 등을 떠밀리며 옷을 입었다. 하지만 고 작가도 속으로는 독자들과의 만남이 너무나 설레었다. 어젯밤에는 한숨도 이룰 수가 없었다.

지층이가 엄마를 대신해서 잔소리를 늘어놓았다.

"아이고, 베스트셀러 작가님 넥타이가 이게 뭐예요?"

100만 년 만에 꺼낸 양복은 당연히 어울리지 않았다. 고 작가는 회색 양복과 검은색 양복 두 벌밖에 갖고 있지 않아 선택의 여지도 없었다. 지층이는 둘 다 마음에 안 들었지만 시간이 없어서 대충 골라 입고 서둘러 나갈 수밖에 없었다.

단층이가 꽉 막힌 고속 도로를 보며 투덜거렸다.

"오늘따라 왜 이렇게 막히는 거야?"

고 작가는 태연한 척했지만 혹시 사인회에 늦을까 봐 속으로는 마음이 타들어 갔다. 사인회는 국립 중앙 과학관에서 열리기로 되어 있었다. 공룡 특별 전시관을 열면서 작가 사인회도 함께 하기로 한 것이다.

"우아. 사람들이 많아요, 아빠."

힘들게 도착한 과학관에는 엄청나게 많은 사람들이 모여 있었다. 지층이와 단층이는 고 작가가 이렇게 많은 사람들 앞에서 사인회를 한다는 사실이 너무 자랑스러웠다.

지층이가 기분 좋은 목소리로 말했다.

"우아, 아빠 사인 받으러 온 사람이 이렇게 많은 거예요? 아빠 완전 연예인 같아요."

"에이, 아니야. 아마 특별 전시관을 처음 여는 날이라 모인 사람들일 거야."

고 작가는 겉으로는 손사래를 쳤지만, 속으로는 은근히 기대가 되었다. 걱정 반, 기대 반으로 가슴이 두근댔다.

"하하, 이제들 오시나."

사람들 속에서 반가운 얼굴이 나타났다. 박 박사였다.

고 작가가 깜짝 놀라며 물었다.

"박사님이 여기까지 웬일이세요?"

"작가 사인회에 사인 받으러 왔지 무슨 일로 왔겠어요?"

박 박사는 고 작가가 쓴 책을 한 권 들고, 옆구리에는 로비타를 끼고 있었다. 낯선 곳에서 반가운 손님을 만나자 고 작가는 그제야 긴장이 조금 풀렸다.

박 박사가 책을 내밀며 말했다.

"나한테 가장 먼저 사인해 줘야 하는 거 알죠? 벌써 30분이나 기다렸다고요."

고 작가의 얼굴이 빨개졌다. 과학관에 안내 방송이 울려 퍼졌다.

"10분 뒤에 《떴다! 지식 탐험대 – 지층과 화석》을 쓰신 고생대 작가님의 사인회를 시작하겠습니다. 사인을 받고 싶으신 분들은 탁자 앞에 차례대로 줄을 서시기 바랍니다."

"하하, 그럼 제가 1등이에요!"

박 박사가 웃으면서 가장 먼저 줄을 섰다. 로비타로 아이들과 즐겁게 여행을 다녔던 시간들이 고 작가 눈앞에 스쳐 지나갔다. 고 작가는 고마운 마음을 담아 박 박사에게 사인을 해 주었다.

"감사합니다. 박사님 덕분에 원고를 잘 마무리할 수 있었어요."

박 박사가 흐뭇하게 웃으며 말했다.

"별말씀을 다 하시네요. 그럼 저는 공룡 특별 전시관으로 가 볼게요. 수고하세요."

야외에 마련된 고 작가의 사인회 부스에는 줄이 끊이지 않았다. 지층이가 아이들 한 무리를 향해 외쳤다.

"야야, 줄을 똑바로 서야지!"

그 아이들은 바로 지층이의 반 친구들이었다. 사인회에 와 달라고 한 달 넘게 인심을 썼던 게 오늘에서야 빛을 보게 되었다.

친구들 가운데 한 명이 고 작가에게 책을 건네며 말했다.

"안녕하세요? 지층이 친구 동희예요. 좋은 책 감사합니다."

"그래, 재미있게 읽어 주렴."

그렇게 어느새 한 시간이 훌쩍 지나가 버렸다. 사인을 하는 게 영 어색하긴 했지만, 고 작가는 한 사람 한 사람에게 정성 들여 사인을 해 주었다. 슬슬 손이 아파 올 무렵, 모여 있던 사람들이 조금씩 수군대기 시작했다.

"정말? 그래?"

갑자기 주변이 어수선해지더니 사람들이 공룡 특별 전시관을 향해 뛰어갔다. 바글바글했던 사인회 줄은 금세 사라져 버렸다.

고 작가가 사람들의 뒷모습을 보며 혼자 중얼거렸다.

"무슨 일이지……."

"쾅!"

그때 하늘에서 의자 하나가 고 작가의 눈앞에 떨어졌다. 의자는 산산이 부서지고 말았다. 고 작가는 눈이 동그래졌다. 아마 태어나서 지금까지 눈이 가장 커진 순간이었을 것이다. 온몸은 이미 굳어서 꼼짝도 할 수 없었다.

"으아! 공룡이다!"

사람들이 비명을 지르며 여기저기로 뛰어다니기 시작했다. 사방이 난리였다. 누군가가 우물쭈물하고 있는 고 작가를 향해 외쳤다.

"피해요. 공룡이 살아 움직여요!"

지진이 난 것처럼 땅이 흔들리기 시작했다. 로비타로 중생대 여행을 떠났을 때 느꼈던 그런 떨림이었다. 고 작가는 어찌해야 좋을지 알 수가 없었다. 지층이와 단층이도 겁에 질려 고 작가 옆에서 한 발자국도 움직이지 못하고 있었다. 그때 박 박사가 고 작가를 향해 헐레벌떡 뛰어왔다.

지층이가 박 박사에게 다급한 목소리로 물었다.

"박사님, 이게 도대체 무슨 일인가요?"

"아무래도 로비타가 고장 난 모양이다. 틀림없이 어제 완벽히 점검했는데……."

"네? 로비타가요?"

"그래, 로비타가 전시관 안에 있는 홀로그램에 비치는 순간 갑자기 오류가 나더니 공룡들을 모두 불러내 버렸지 뭐냐. 네가 아르디한테서 받아왔던 씨앗 있지? 그것도 우연이 아니라, 로비타가 일으킨 오류 때문에 가져올 수 있었던 거야."

고 작가가 떨리는 목소리로 물었다.

"그럼 이제 어떻게 해요?"

더 이상 설명을 들을 시간도 없었다. 거대한 육식 공룡 한 마리가 긴 꼬리를 휘두르며 쿵쿵 걸어오고 있었다. 하늘에는 익룡인 프테라노돈이 날아다니고, 박치기 공룡인 파키케팔로사우루스는 과학관 전시물들을 모두 부수고 있었다.

단층이가 박 박사에게 물었다.

"혹시 티라노사우루스도 왔나요?"

말이 끝나기도 전에 거대한 티라노사우루스 두 마리가 무서운 소리를 내면서 등장했다.

"뛰어!"

고 작가와 아이들은 또다시 달리기 시작했다. 로비타가 불러낸 공룡들은 전시장에 전시되어 있는 공룡들보다 훨씬 많았다. 과학관은 금방 쑥대밭이 되어 버렸다. 단층이가 도망치다가 그만 과학관 바닥에 넘어졌다. 티라노사우루스가 그 뒤로 바짝 다가왔다. 거대한 발이 넘어진 단층이를 향해 다가왔다.

"안 돼!"

고 작가는 목이 터져라 소리를 질렀다.

"안 되긴 뭐가 안 돼?"

정신을 차려 보니 누군가가 고 작가를 내려다보고 있었다. 조금 뚱뚱하고 약간 머리가 벗겨진 아저씨였다.

"어? 편집장님!"

"그래, 이제 내가 누군지 알겠나?"

고 작가가 눈을 비비며 말했다.

"그럼요. 근데 여긴 웬일이세요? 편집장님도 과학관에 오셨어요? 공룡은 다 어디 갔죠?"

"과학관? 공룡? 이 사람이 아직도 꿈에서 못 깨어났군. 함께 과학관 구경도 하고, 책도 주기로 했지 않나."

편집장이 고 작가 뺨을 살짝 꼬집었다. 아무래도 편집장을 기다리다가 소파에서 깜빡 잠이 든 것 같았다.

"아얏! 하하, 꿈이었네요? 야호!"

고 작가는 어린아이처럼 제자리에서 방방 뛰었다. 그러고는 지층이와 단층이에게 달려가 뽀뽀를 하며 안아 주었다. 편집장이 고 작가를 보며 인자하게 미소를 지었다.

"그나저나 이리 와 보게. 책이 나와서 가져왔네."

편집장이 고 작가에게 책을 한 아름 건네주었다. 그동안 로비타로 지질 여행을 하면서 겪었던 신나는 여행담과 거기서 얻은 다양한 정보를 고스란히 담은 책이었다.

지층이와 단층이가 책을 향해 달려들었다.

"어디 봐요."

"나도, 나도!"

책 제목은 《로비타의 타임머신 지질 여행》이었다. 시골에서 혼자 로봇을 연구하던 박사가 우연히 타임머신을 만들고, 아이들과 함께 쥐라기로 여행을 떠난다는 재미있는 내용이었다. 책 중간중간에 들어간 삽화도 마치 공룡들을 직접 보고 그린 것처럼 생생하게 표현되어 있었다.

"우아, 아빠! 너무 멋있어요!"

지층이와 단층이는 박 박사와 한 약속 때문에 더 이상은 말을 꺼내지 않았다.
"히히, 아빠 이름도 아주 멋있게 들어갔어요. 저자 고생대!"
고 작가는 지층이와 단층이의 말을 듣고 미소만 지을 뿐이었다.
"흠흠. 이보게, 고 작가. 그래서 말인데 우리 사인회 한번 하는 게 어떨까? 다음 주에 공룡 엑스포가 열린다는데 말이지."
고 작가는 편집장의 말을 듣고 깜짝 놀랐다.
"사인회요? 안 돼요! 절대로 안 돼!"
고 작가의 목소리가 과학관 안에 메아리쳤다. 유난히 따뜻한 햇볕이 내리쬐고, 선선한 바람이 살랑대는 날이었다.

고 작가의 지질 노트

공룡 복원은 가능할까?

영화 〈쥬라기 공원〉을 보면 호박 속에서 나온 모기의 DNA로 공룡을 부활시키는 장면이 나와요. 과학자들은 실제로 오래전에 살았던 동물의 DNA를 호박 속에서 추출하는 연구를 해 왔어요. 하지만 영화처럼 모기가 빨았던 공룡 피 속에서 DNA를 추출하고, 그것으로 공룡을 복원하는 일은 절대로 쉽지 않아요. 모기가 들어 있는 호박을 찾기도 어려울 뿐 아니라, 모기가 반드시 공룡 피를 빨았어야 하니까요. 게다가 모기가 죽기 전에 호박 속에 갇혀야 하고, 모기가 공룡의 피를 소화시키지 말아야 하지요. 이렇게 공룡을 복원하는 것보다 모래사장에 떨어뜨린 바늘을 찾는 게 더 쉽지 않을까요?

되살아나면 무서울 공룡 베스트5

1. 티라노사우루스
영화 〈쥬라기 공원〉으로 잘 알려진 인기 공룡이에요. 몸길이가 12m에 몸무게는 6000kg이 넘지요. 15cm가 넘는 무시무시한 이빨로 사냥하는데, 시속 40km로 달리기도 한다니, 직접 만난다면 도망부터 쳐야 할 거예요.

2. 타르보사우루스
백악기 후기에 살았던 공룡으로, 몸길이가 약 12m이고 티라노사우루스보다 먼저 지구에 나타난 공룡이에요. 아시아에서 발견된 육식 공룡 중 가장 크답니다.

3. 벨로키랍토르

백악기 후기에 살았던 공룡으로 몸길이가 2m, 몸무게가 20kg 정도로 비교적 왜소한 몸집이에요. 하지만 크고 날카로운 발톱을 휘두르며 무리 지어 사냥을 다녔다고 해요.

4. 알로사우루스

쥐라기 후기에 살았던 공룡으로 몸길이는 10m 정도예요. 머리와 입이 크고 날카로운 이빨을 자랑하지요. 티라노사우루스보다 8000만 년 정도 먼저 살았답니다.

5. 양추아노사우루스

중국의 티라노사우루스라고 불리기도 하는 양추아노사우루스는 티라노사우루스나 알로사우루스보다는 조금 작았지만, 쥐라기 후기의 중국 대륙을 주름잡았던 무서운 공룡이랍니다.

공룡의 멸종

지구에 거대한 운석이 떨어져서 큰 폭발이 일어났다는 주장도 있고, 화산 폭발이나 산소 농도가 올라가 큰 화재가 일어났다는 주장도 있어요. 포유류가 나타나 공룡 알을 모두 먹어 버려 새끼들이 줄어들었다는 주장도 있고요.

가장 많은 사람들이 지지하는 추측은 바로 운석 충돌설이에요. 미국항공우주국(NASA)에서는 운석 충돌로 일어난 엄청난 황산 구름이 지구를 뒤덮어서 지구에 있는 동물을 멸종시켰다고 공식적으로 발표하기도 했어요.

지층이와 단층이의 지질 탐험

화산이 만든 섬, 제주도

화산이 만들어 놓은 지질 교과서라고 불리는 섬이 있습니다. 바로 대한민국 면적의 1.9%를 차지하는 섬 제주도이지요. 제주도에 가면 해발 1950m의 한라산과 크고 작은 오름 368개를 볼 수 있어요. 게다가 세계에서 가장 긴 용암 동굴인 만장굴과 웅장한 주상 절리 등 놀라운 지질 현상들이 곳곳에 있답니다.

어디에 있을까?

제주도에 가려면 비행기나 배를 타야 해요. 제주도에 도착하면 한라산이 섬 가운데에 있어요. 북쪽으로는 현무암으로 이루어진 바닷가와 모래 언덕, 서쪽으로는 패사(조개껍데기가 오랫동안 풍화된 것)로 이루어진 바닷가인 협재리, 남쪽으로는 서귀포층과 화석, 동쪽으로는 화산 지형인 성산 일출봉과 우도가 있습니다.

제주도의 웅장한 주상 절리

한라산의 오름

무엇이 있을까?

제주도 하면 한라산이 가장 먼저 떠올라요. 한라산은 과거에는 분화하였으나 지금은 활동하지 않는 '휴화산'이지요. 한라산을 받치고 있는 기반암(퇴적층이 쌓이기 이전에 생긴 화성암층)은 제주도 바닷속 250m 아래에 있답니다. 기반암은 화강암, 사암, 이암으로 이루어져 있다고 추정되고 있어요.

    기반암 위에는 'U층'과 '서귀포층'이 있습니다. U층은 기반암 위에 있는데, 두께가 100m가 넘어요. 서귀포층은 화산 분출물과 해양 퇴적물로 만들어진 약 100m 두께의 퇴적층이에요. 바닷속에 있지만 서귀포시 천지연폭포 남쪽 해안 절벽에 약 1km 정도가 밖으로 드러나 있지요. 특히 서귀포층에는 다양한 화석들이 많이 있어서 천연기념물 제195호로 지정해 보호하고 있습니다.

    제주도의 바닷가 색깔은 다양합니다. 가장 쉽게 볼 수 있는 바닷가 색깔은 검은색이에요. 용암으로 만들어진 바닷가가 대부분이기 때문에, 검고 거친 현무암으로 되어 있는 곳이 많지요.

    제주시 한림읍 협재리에 가면 패사로 만들어진 하얀 모래사장을 만날 수 있어요. 제주도에서는 보기 드문 장소이지요. 자세히 보면 모래가 좀 특이하다는 것을 알 수 있는데, 모래가 산호로 되어 있기 때문이랍니다.

    제주도에 있는 기생 화산(큰 화산의 옆쪽에 붙어서 생긴 작은 화산)을 제주도 사투리로 '오름'이라고 해요. 제주도에 있는 오름은 한라산을 중심으로 368개가 있어요. 오름은 생긴 모양에 따라 구분하는데, 말발굽 모양이 174개로 가장 많아요. 원뿔 모양이 102개, 원 모양이 53개, 그 밖에 다양한 모양으로 이루어진 오름이 39개 있답니다.

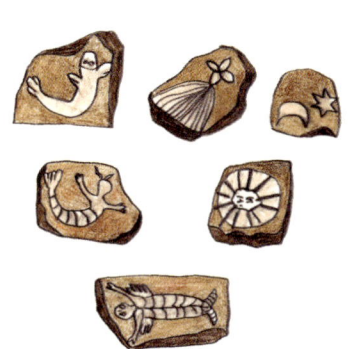